お遍路日記

牟田和男
正木康

海鳥社

はじめてのお遍路

なりゆきでお遍路になった。

私たちは元をたどれば中学からの友人同士で、つきあいも四十年を超えるが、実態は医者（牟田和男）と事務屋（正木康）という面白くもないコンビである。仕事の都合で遍路には連休利用で年間三、四回行ければいいほうだ。書き出しがいつも「あわただしく……云々」となっているのはそのせいである。

回りだした当初は、お遍路は年配者が多く若い人は少ないだろうと予想していたが、実際には歩き遍路には若手も多い。年配者はバスや車で回ることが多いのであろう。私たちは、仕事の合間を縫っての遍路なので、①原則として歩く、②やむをえない場合は乗り物も可、③区切り打ちなので、前の終わりと次の始まりの間はカットする、というきわめて柔軟な、というか軟弱な、というか都合の良いルールを定めた。もちろん②の「やむをえない場合」に相当するかどうかの解釈は広義を旨とし、今までもめたことは一度もない。

このやりかたで何とか回りきるのに五年かかった。行く度に所属法人の広報誌に旅行記を載せる。本書はその連載をまとめたものである。一回の紙数はわずかでも、五年分となるとかなりの量になり、番外編まで加わってこんな大部なものになってしまった。
最近宗教ブームと聞く。お遍路も例外ではなく、旅行社は遍路ツアーに企画を凝らし、テレビやラジオの番組まであると。確かに本屋に行っても遍路の本があふれ、ネットでも際限なくヒットする。これほどの情報過多の中に割り込んで一隅を占めるだけの価値があるか、本の厚みを見ながら忸怩《じくじ》たるものを感じる。しかしまあ、初老期のおやじ二人の「はじめてのお遍路」として、ご寛恕《かんじょ》いただければ幸いである。

正木　康
牟田和男

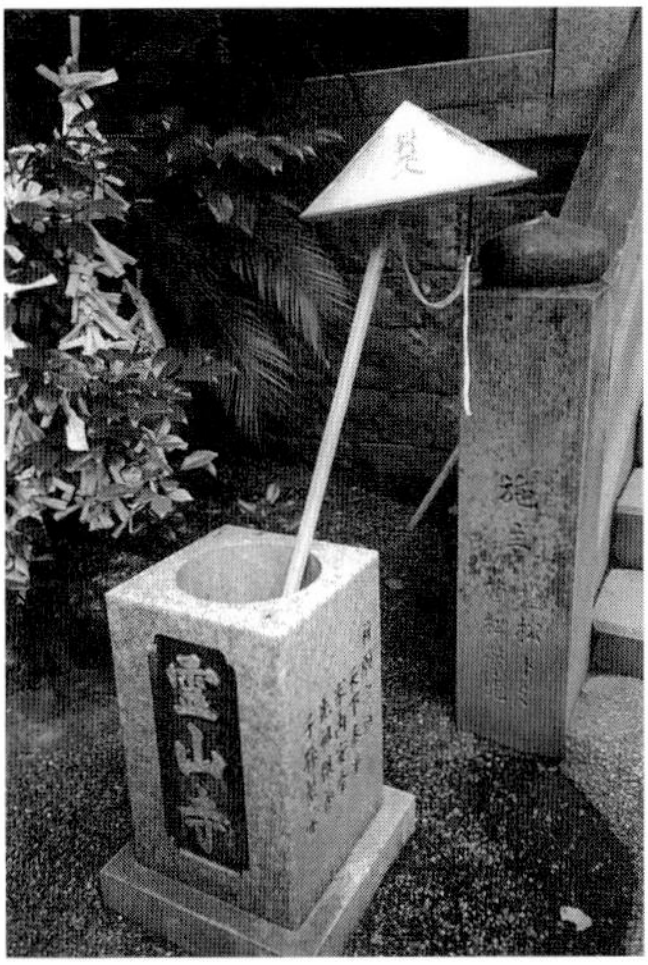
霊山寺

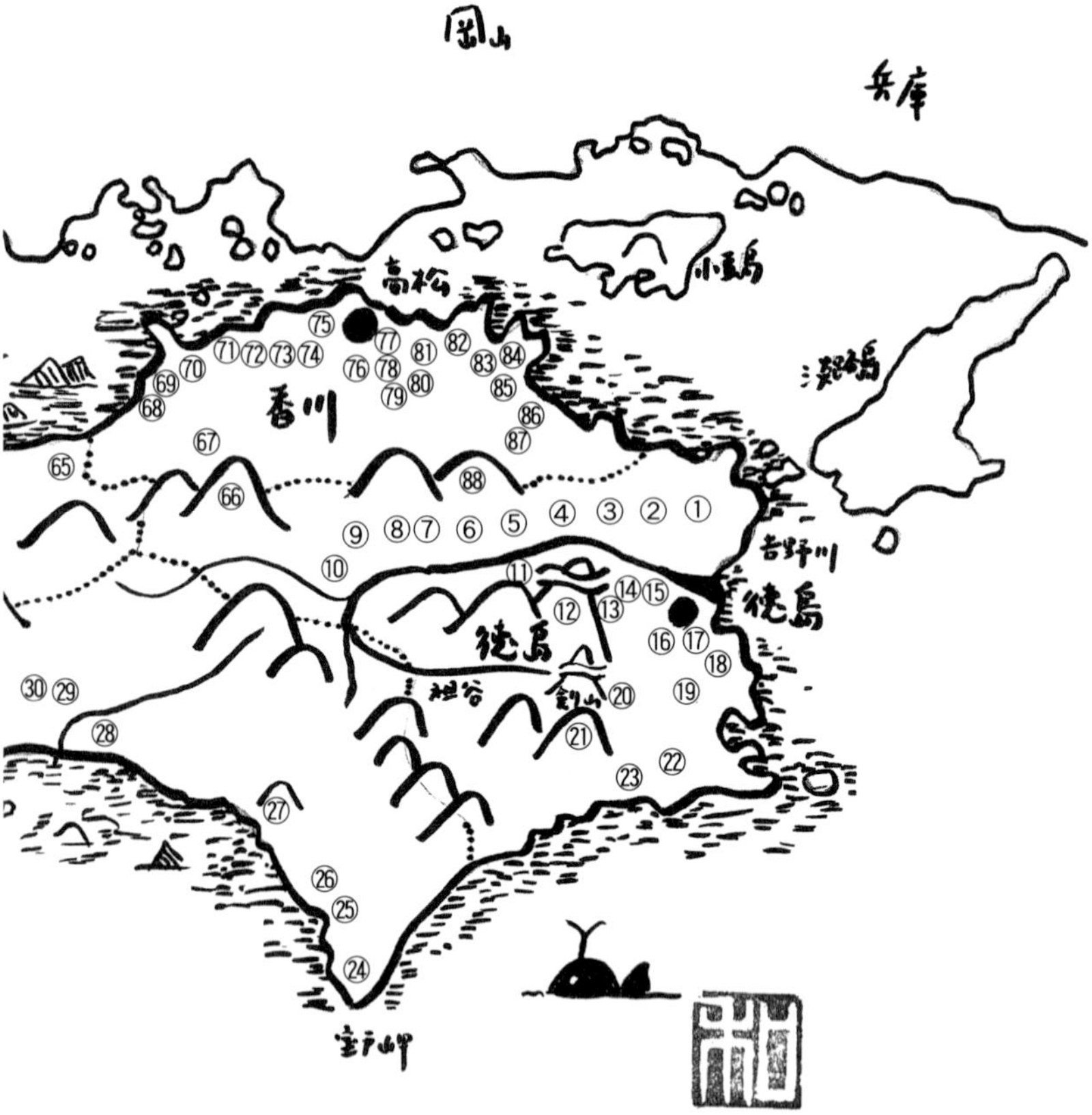

㉞種間寺
㉟清滝寺
㊱青龍寺
㊲岩本寺
㊳金剛福寺
㊴延光寺
㊵観自在寺
㊶龍光寺
㊷仏木寺
㊸明石寺
㊹大宝寺
㊺岩屋寺
㊻浄瑠璃寺
㊼八坂寺
㊽西林寺
㊾浄土寺
㊿繁多寺
(51)石手寺
(52)太山寺
(53)圓明寺
(54)延命寺
(55)南光坊
(56)泰山寺
(57)栄福寺
(58)仙遊寺
(59)国分寺
(60)横峰寺
(61)香園寺
(62)宝寿寺
(63)吉祥寺
(64)前神寺
(65)三角寺
(66)雲辺寺
(67)大興寺
(68)神恵院
(69)観音寺
(70)本山寺
(71)弥谷寺
(72)曼荼羅寺
(73)出釈迦寺
(74)甲山寺
(75)善通寺
(76)金倉寺
(77)道隆寺
(78)郷照寺
(79)天皇寺
(80)国分寺
(81)白峯寺
(82)根香寺
(83)一宮寺
(84)屋島寺
(85)八栗寺
(86)志度寺
(87)長尾寺
(88)大窪寺

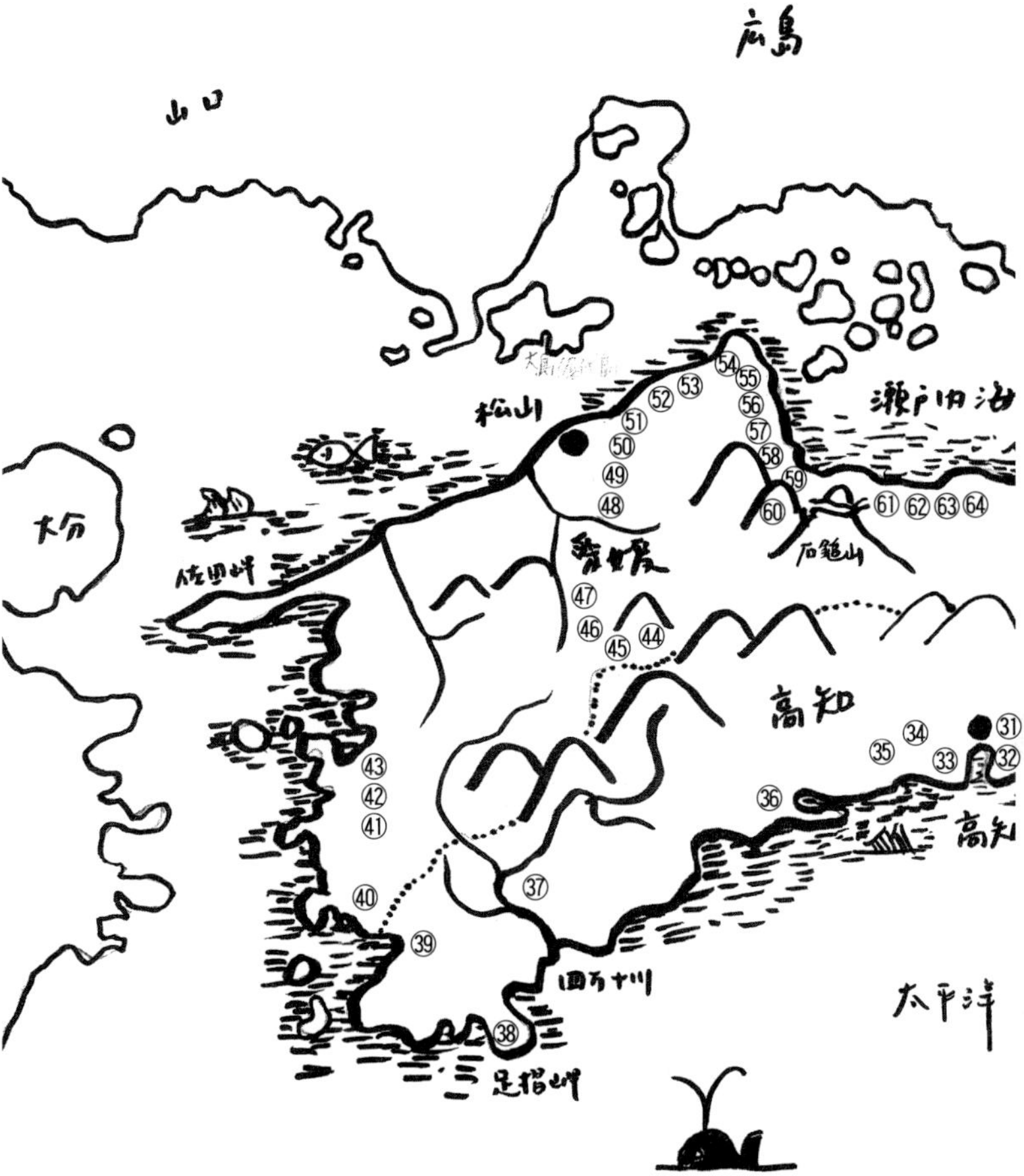

四国八十八箇所

①霊山寺	⑫焼山寺	㉓薬王寺
②極楽寺	⑬大日寺	㉔最御崎寺
③金泉寺	⑭常楽寺	㉕津照寺
④大日寺	⑮国分寺	㉖金剛頂寺
⑤地蔵寺	⑯観音寺	㉗神峯寺
⑥安楽寺	⑰井戸寺	㉘大日寺
⑦十楽寺	⑱恩山寺	㉙国分寺
⑧熊谷寺	⑲立江寺	㉚善楽寺
⑨法輪寺	⑳鶴林寺	㉛竹林寺
⑩切幡寺	㉑太龍寺	㉜禅師峰寺
⑪藤井寺	㉒平等寺	㉝雪蹊寺

お遍路日記◉目次

3 はじめてのお遍路

発心の道場　阿波の国・徳島

16 「お遍路さん」の出来上がり……平成16年10月◎1番・霊山寺➜10番・切幡寺
28 踊る心臓、笑う膝……平成17年7月◎11番・藤井寺➜19番・立江寺
43 やっぱり遍路は秋がいい……平成17年10月◎20番・鶴林寺➜23番・薬王寺

修行の道場　土佐の国・高知

58 夏の海と列車とメガネ……平成18年7月◎24番・最御崎寺➜29番・国分寺
73 諸行無常－遍路道に思う……平成18年10月◎30番・善楽寺➜37番・岩本寺
87 土佐も見おさめ……平成18年11月◎38番・金剛福寺➜40番・観自在寺
94 寄り道　四万十川……平成18年11月◎四万十川

菩提の道場　伊予の国・愛媛

104　いよいよ「いよ」へ……平成18年11月◎41番・龍光寺→48番・西林寺
116　真冬の温泉をめざして……平成19年2月◎49番・浄土寺→51番・石手寺
121　罪滅ぼしか、初老期うつ病対策か……平成19年5月◎52番・太山寺→55番・南光坊
128　まさかの船旅……平成19年9月◎56番・泰山寺→59番・国分寺
135　台風、タクシー、ロープウェイ……平成19年9月◎60番・横峰寺→71番・弥谷寺

涅槃の道場　讃岐の国・香川、そして中国へ

152　いざ、空海生誕の地へ……平成20年4月◎72番・曼荼羅寺→75番・善通寺
160　**寄り道**　祖谷渓……平成20年7月◎祖谷渓
170　還暦に無理は禁物……平成20年7月◎76番・金倉寺→80番・国分寺
176　ここから先は歩くべし……平成20年9月◎81番・白峯寺→86番・志度寺
186　**中　国**　二十一世紀の古都の風景……平成20年10月◎洛陽→西安
200　**寄り道**　石鎚山……平成20年11月◎石鎚山

208 どうにか結願……平成21年6月◎87番・長尾寺→88番・大窪寺
222 長崎 空海はここから唐へ旅立った……平成21年8月◎五島
227 長崎 空海にあやかり、海路五島へ……平成21年9月◎五島

最後の道場　高野山、そしてインドへ

236 最後の修行……平成21年11月◎高野山
242 中国 中国人もびっくりの僻地へ……平成21年11月◎寧波→天台
260 インド 釈尊入滅の地で思う……平成22年2月◎インド・クシーナガル
270 インド 清濁あわせのむカオスの世界……平成22年2月◎インド・ワーラーナシー
277 インド 郷に入らば郷に従え……平成22年2月◎インド・ブッダガヤ
290 高野山ふたたび……平成22年11月◎高野山
297 四国遍路を終えて　正木康
300 あとがき　牟田和男

発心の道場

阿波の国・徳島

小豆島
淡路島
霊山
徳島
小松島
日和佐
歩き
タクシー、バス
鉄道
和

徳島県

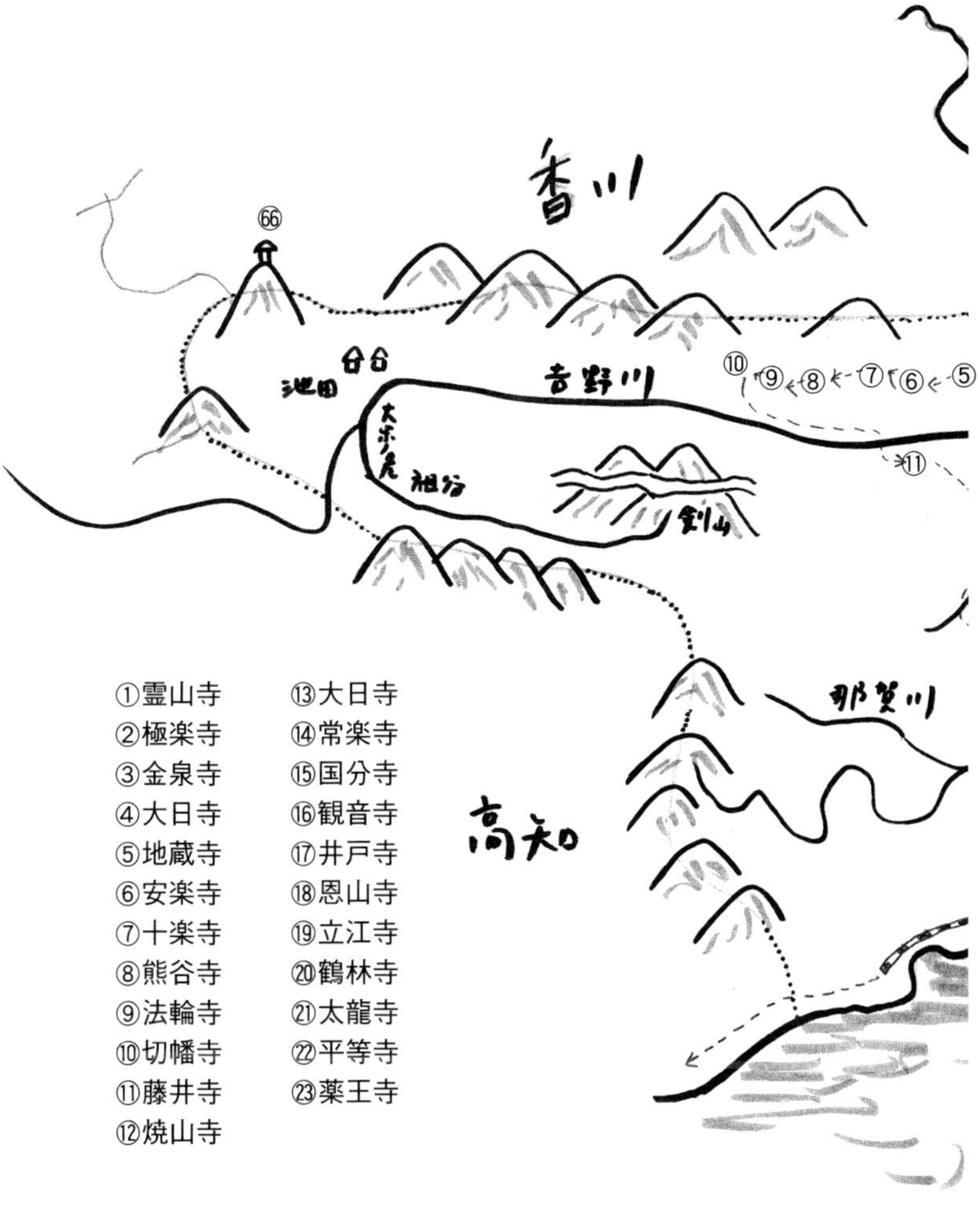

①霊山寺
②極楽寺
③金泉寺
④大日寺
⑤地蔵寺
⑥安楽寺
⑦十楽寺
⑧熊谷寺
⑨法輪寺
⑩切幡寺
⑪藤井寺
⑫焼山寺
⑬大日寺
⑭常楽寺
⑮国分寺
⑯観音寺
⑰井戸寺
⑱恩山寺
⑲立江寺
⑳鶴林寺
㉑太龍寺
㉒平等寺
㉓薬王寺

「お遍路さん」の出来上がり

【1番・霊山寺→10番・切幡寺】

平成16年10月9日・土曜日

午前、いつもどおりの外来を終えて、昼過ぎ、福岡空港へ。台風の余波で出発がかなり遅れたプロペラ機YS11に揺られ、夕暮れの徳島空港へ降り立つ。

まずは阿波名物の鶏料理で明日からのお遍路の壮行会をする。名物にうまいものなし、博多の地鶏のほうが絶対うまい。たまたま入った「油そば」という店の、細麺を油と赤味噌にからめたスープなしのラーメンがうまかった。明日に備えて早めに寝るが、なかなか寝つけない。

10月10日・日曜日

第一番札所 霊山寺《りょうぜんじ》

日頃の行いがよいせいか快晴。JR徳島駅六時四十三分の高松行きの鈍行に乗り、四国の大河・吉野川を渡ると七時十分には板東《ばんどう》駅に到着。車中、我々以外にも遍路目的とおぼしき乗客がちらほら、結構若者も多く、やはり同じ駅で皆降りる。

古い街並みを抜けると、第一番札所・霊山寺の山門が現れた。すでに境内にはお遍路姿の善男善女が充満。やはり中高年の女性が圧倒的に多い。まずはお坊さんの勧めるお遍路グッズをそろえる。般若心経、納経帳、蠟燭《ろうそく》、線香、納札、それらを入れる「同行二人」と書いた遍路袋、白装束、掛け軸、それに金剛杖。松竹梅の竹レベルだが、かなりの出費。なかなか商売上手である。

一人前の遍路姿になって、本堂で開経偈《かいきょうげ》、般若心経を唱え、納札に日付、住所、名前を

第一番の札所霊山寺

いよいよ出立霊山寺

左右の仁王がお出迎え

記入して集札箱に納める。太子堂で同様のお参りをし、最後に納経所で納経帳と掛け軸にお寺の御名と朱印をいただき、納経料を納める。あまねく四国を回り、これを八十八回打ったら、お礼参りとしてまたこの発心の寺に戻る。そして成就の証をいただいて高野山に参るのが手順の由。なるべく歩くとすると、いつ戻れるか気の遠くなる話である。すでに始める前から決心が揺れる。

第二番札所 **極楽寺**《ごくらくじ》

まずは霊山寺門前の「門前うどん」で、朝飯の山菜うどん。秋にしては強めの日差しの中を県道沿いに第二番札所・極楽寺まで一・一キロ、足慣らし、腹ごなしに丁度よい。さっきの遍路客を満載した貸し切りバスがどんどん追い抜いていく。マイカーも多い。遍路姿のバイク、自転車もどんどん追い抜いていく。

約二十分で赤い山門が見えてきて、左右の仁王様がにらんでいる。このお寺は安産、子宝にご利益がある。県道で我々を追い抜いた団体は、お参りも終わってバスに乗り込んでいた。客がお参りしている間に、添乗員があらかじめ預かった納経帳、掛け軸に記帳を済ませ、客がバスに戻ってきたときにはもう配っている。まことに日本的で、極めて手際がいい。

第三番札所　金泉寺《こんせんじ》

県道から旧道の遍路道に入る。地図には三・一キロとある。揺れる稲穂の中に点在する集落をつなぐ道を歩く。小奇麗な古い町並み、旧家の屋根、石塀の上には恵比寿さんの置

大師の命名長命杉

秋風涼し金泉寺

物が笑っている。ところどころに古い石の道しるべが立っていて、彫られた指が次の札所の方角を示している。まだ疲労感はない。まだまだ相棒と話しながら歩く余力あり。

木立の中の坂を昇りつめると金泉寺。平均的日本人がイメージする田舎の墓寺といったたたずまい。鄙《ひな》びていていい。読経する気恥ずかしさもなくなった。

桃が昼食大日寺

第四番札所 大日寺《だいにちじ》

次の大日寺まで近道をしようとしたのが大失敗であった。地図上では通常の遍路道より少し短く見えた道は、どうも山の中の産業道路だったようで、山の狭間《はざま》をうねうねと上がったり下ったり。歩く我々のすぐ横を、ダンプが大音響とともにぶっ飛ばしていく。

昼下がりの炎天下、おまけに雲一つない。じりじりと照り焼き状態、のどはひりひり、腹も減るが、民家もなければ、自動販売機一台ない。

結局、約七キロを二時間半もかかり、小高い丘の上の大日寺にやっと着く。涼風が汗まみれのほほに快い。門前に売っていた桃を遅い昼食代わりにかじりながら出発。

第五番札所　**地蔵寺**《じぞうじ》

大日寺までの登りの長歩きの後は、ゆっくりした下り坂を一・七キロ、地蔵寺に着く。そろそろ足が痛くなってきた。人気のないこと以外、印象が薄い地味なお寺だった。

地蔵の接待安楽寺

第六番札所　**安楽寺**《あんらくじ》

だんだん日が傾いてきた。時々ぱらぱらと雨が落ちてくる。風も生暖かい。かかとが痛い。ふくらはぎも痛い。案内板を見ると安楽寺までまだ三キロもある。昼飯を食べ損ねて力が出ない。疲れのため、話すのも億劫になり、二人とも無口。

そのとき、後ろからおばさんが自転車で追ってきて、「もしもし」と声をかける。途中なにか落とし物でもと思ったら、「これでなにか飲んでください」と、百円硬貨二枚を渡して立ち去った。初めてのことで呆然

同行二人かげぼうし

くさもみじ竜宮城や十楽寺

としたが、これが〃お接待〃らしい。このご時勢、本当にありがたいことだ。突然、足が軽くなる。

夕方、どうにか温泉山安楽寺にたどり着き、宿坊に泊まる。天然温泉につかった後のビールは本当にうまかった。

（和）

……………10月11日・月曜日

第七番札所 十楽寺《じゅうらくじ》

遍路の朝は早く、五時半には起床した。お互いのいびきで寝不足気味。二人とも足にエアサロンパスをたっぷり吹き付けて寝たが、足腰の痛みは治らず、年を感じる。

朝食をありがたくいただいて六時半出発。次の十楽寺は歩いてもすぐのところらしい。お寺はどこも七時から受付開始なので、ウォーミングアップのつもりでゆっくり歩く。このあたりは吉野川の流域平野と讃岐山脈との境で、北は山だが道は平坦。早朝の空気が清々しい。

阿波の名刹熊谷寺

十楽寺は龍宮城のような赤と白の山門が印象的だ。作法どおり一礼して入門、手水を使う。あらためて境内を見回すと、建物が新しいのか清潔感のあるお寺である。参拝後、納経所で朱印をもらいながら情報収集。次の熊谷寺まで約一時間とのこと。記念撮影などして出発。

第八番札所　熊谷寺《くまだにじ》

歩き遍路のルートには、地元の「へんろみち保存協力会」が道沿いのガードレールや電柱に遍路姿のシールを貼って目印にしてくれている。道筋を指してくれ

コスモス畑に遍路道

るので大助かりだが、あったりなかったりで、しかも近くまで行かないとわからないほど小さいので、大きな曲がり角に来るたびにそのへんを探して確認しなければならない。昨日、産業道路に迷い込みダンプの洗礼を受けたのも、この遍路マークを探さず、目についた大きな標識に従ったからである。乗用車用の標識だったのだ。まるでオリエンテーリングのようだ。そういえば朱印はスタンプラリーの発祥かもしれないなどと考えながらひたすら歩く。

一休みしたくなるころ、それらしい建物が見えてきた。長い参道を抜けたところに、古びてはいるが立派な山門があり、それが熊谷寺であった。本堂はそれからまだかなり奥まったところにあった。本堂に参拝、開経偈と般若心経を唱え、御宝号《ごほうごう》である「南無大師遍照金剛」を三回唱えた。お参りの作法は細かく言うといろいろあるらしいが、般若心経と御宝号は欠かせないようなので、開経偈に加えその二つは必ず唱えるのを基本にしている。呪文のような本尊真言とか光明真言は疲労度と相談して唱える。

大師堂は本堂からさらに石段を上ったところにある。石段の途中にかなりの数の小銭がばら撒かれている。賽銭のようだが、なぜ石段に賽銭をあげるのだろうか。納経所で聞こうと思っていたが、うっかり忘れてしまった。

南無大師遍照金剛

第九番札所 法輪寺《ほうりんじ》

法輪寺は熊谷寺から道を南にとって約四十分の道程。左右はずっと開けており、田んぼの中の道が続く。車の往来が多い国道を歩くのは気が休まらないが、こういう道ならのどかな田園風景を楽しみながら歩ける。ところどころコスモスが風に揺れているのも、季節感があってよろしい。

寺は田んぼの中で木立に囲まれていた。さほど大きくはないが、まとまっている印象である。境内では数組のグループが先達《せんだつ》に合わせて読経していた。バスで回っているものと見える。そろそろ時間が気になり出し先を急ぐことにして、早々に出発。

切幡寺近し膝笑う

第十番札所 切幡寺《きりはたじ》

地図によると切幡寺までは約四キロある。飲料の自販機があるところで小休止をとって再出発。道が北に折れると上りになった。あと一キロの表示。なんとか上り切ったところが切幡寺であった。ホッと一息ついた。

ところが山門をくぐってびっくり、本堂はなんと三百三十三段の石段を上ったところだという。売店に寄って休憩がてら店の人と話していると、荷物を預かってくれるという。参拝に必要なものだけを身につけ、残りの荷物は下りてくるまで預かってもらう。おかげで身軽になって石段に取り組む。ここだけは車遍路の組も歩いて上るほかなく、みなフーフー言いながら上ってゆく。なんとか三百三十三段を克服、無事参拝を果たした。

時間があれば十一番の藤井寺まで行っておきたかったが、ちょっと無理なようだ。相談の上、今回はここまでと決めて寺を後にした。

JRの駅をめざして歩いていて、気づいたら後ろについてきているはずの相棒が見えな

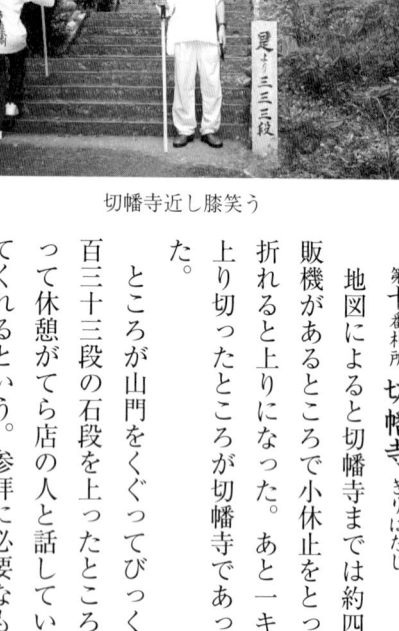

い。その場で待っていたがいつまで経っても来ないので仕方なく引き返してみると、なんと道筋の骨董品屋で店の主人と何事か話し込んでいる。様子では、どうやら陳列してある掛け軸が気に入り、譲ってもらおうと価格交渉の最中らしい。

どんな掛け軸かと見ると、「白雲自去来（白雲自ずから去来す）」とある小振りな掛け軸である。雲は無心で去来する、人も物事にとらわれるな、という意味であろうか。店員の説明では京都・大徳寺の高僧の揮毫であるという。なんとか交渉成立。後日、郵送してもらうことになった。後で知ったが、この一行は相棒の岳父が自ら選んだ墓碑銘だったという。

JRの阿波川島駅まで四キロを歩き、汽車で徳島まで戻った。徳島駅十五時十三分の特急で岡山まで行き、新幹線に乗り換える。めでたく福岡に着いたのは午後八時近かった。

初めての遍路にしては上出来であった。この調子なら次回も大したことはなかろうと思ったのだが、これが大間違い。甘く見たおかげでとんだしっぺ返しを食うことになる。

（康）

亡き岳父憶う秋の雲

踊る心臓、笑う膝

【11番・藤井寺→19番・立江寺】

平成17年7月16日・土曜日

今日もどうにか外来を終え、夕刻、あわただしく空路約一時間半、徳島着。宿のおかみが夕食はないというので、空港の食堂で鳴門名物という鯛寿司を注文。やっぱり魚は玄界灘のほうがしまっていてうまい。

午後八時、第十一番・藤井寺門前の「ふじや旅館」に到着。あたりは真っ暗で、旅館以外に民家はない。玄関は小さいが、入ってみると平屋の建物がアメーバ状に四方に増殖していてかなり広い。屋内はまったく人気がなく、どうやらお客は我々二人だけのよう。人のよさそうな女主人が「梅雨時はお遍路はシーズンオフでほとんど来ないので、あなた方はありがたいお客さんですよ。さっきテレビがようやく梅雨明けだと言っていましたよ。雨の中の山遍路でなくて本当によかったね」と言う。夕食がないことに納得するも、明日からが若干不安になる。

7月17日・日曜日

第十一番札所 藤井寺《ふじいでら》

朝七時半、おかみが作ってくれたおにぎりを持って、まず第十一番・藤井寺を参拝。今回はただ歩くだけでなく、お互いに駄句をひねりながらという趣向。

夏の日差しの藤井寺

梅雨明けの朝靄《あさもや》破る日の出かな

第十二番札所 焼山寺《しょうさんじ》

藤井寺本堂の裏からすぐ山路に入る。通称〝遍路返し〟という難路、のこぎりのような四つのピークを越し、標高九三八メートルの山頂にある第十二番・焼山寺まで、約一六キロの山道が始まる。

まずは足慣らし、山道のそばにたたずむ野仏にも挨拶する余裕あり。梅雨明けの朝露に濡れた木々の緑をめでる余力あり。やがて広葉樹林に入り、坂がそろそろ急になり、息が切れてくる。藤井寺から約四十分、第一のピーク、一八一メートルの端山《はばやま》とい

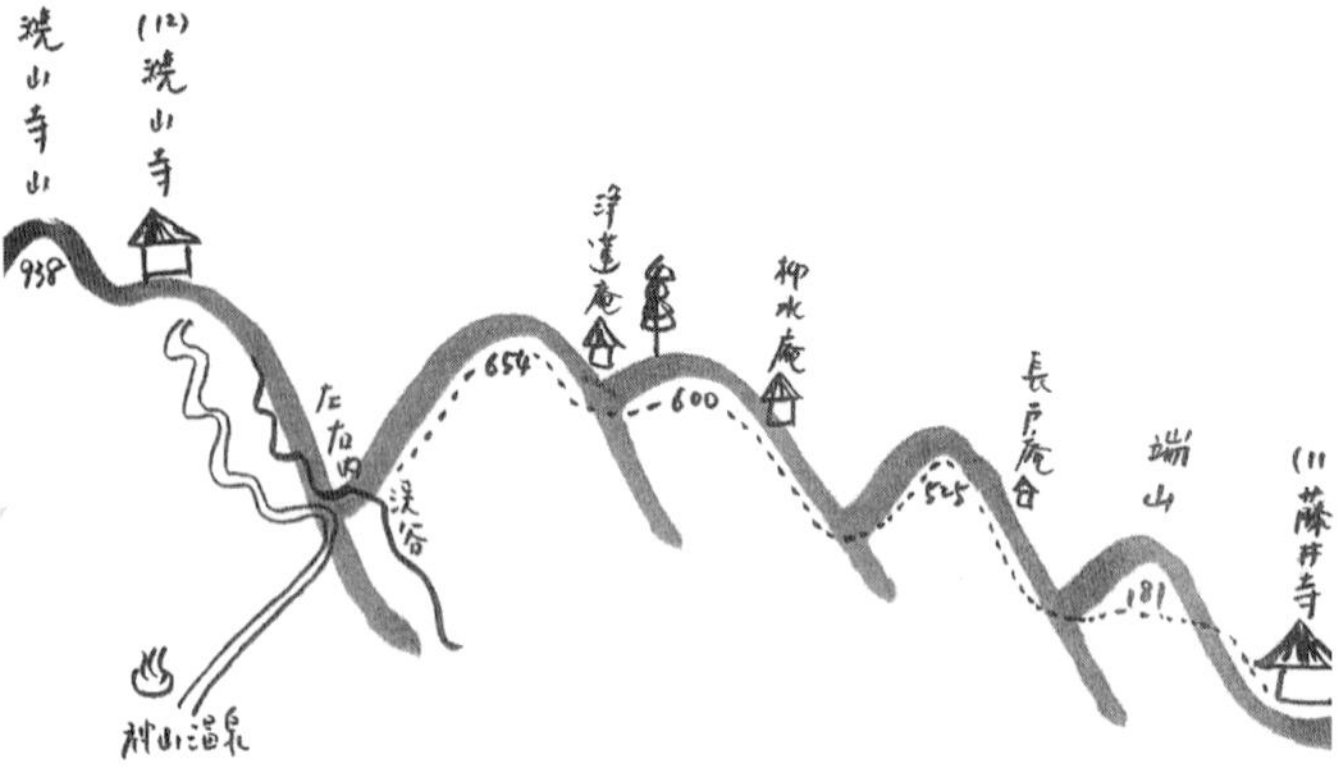

したたる汗の山深し

う丘の頂《いただき》で小休止。急に視界が開け、眼下にゆったりと流れる四国三郎・吉野川。梅雨明けの夏の日差しがまぶしい。毎日焼山寺までジョギングで往復しているという地元の中年男性が、軽いフットワークで「おはようさん」と我々を追い抜いていく。

ここからは植林された杉の森にうねうねと続く登り

坂を、ひたすら登る。杉の木立が切れてそろそろ峠かなと頭を上げると、またまた険しい山道が空に向かって続いている。四国は空梅雨だったらしく、水場はほとんど枯れている。したたる汗、ひたすらペットボトルを飲む。

まだまだ続く山遍路

蒼天に続くか山の遍路道
夏遍路したたる汗も道しるべ

約二時間歩いて、ようやく五二五メートルの峠にたどり着き、大休止。やれやれと座り込むと蟻、藪蚊、おまけに虻まで、久しぶりの歩き遍路への出迎えなのか、寄ってくる。

山遍路あぶはえやぶ蚊旅の友

遍路どころか人と会わない。やはり宿のおかみが言ったように、夏は遍路のシーズンオフであるようだ。確かに四国のこの暑さの中を歩くのは物好きの部類であろう。

峠からは急な下り坂。せっかく蓄えた位置エネルギーが減っていく。そして今度は六〇〇メートルの頂までひたすら杉の植林の中をあえぎあえぎ登る。そしてまた降る。周囲に対する関心がほとんどなくなってくる。途中、空海が柳の杖でついたら水が湧いたといわれる「柳水庵《りゅうすいあん》」という小さな庵も、お参りもせずに通過。時折聞こえるのは鳥の声のみ。

圧倒的な静寂が支配する自然の中、五七一メートルの第三のピークを過ぎて、この山地の主のような巨大な杉の立つ「浄蓮庵《じょうれんあん》」という庵で一服。ふもと近くで我々を追い抜いていったあの中年男性が、焼山寺から折り返してきて、「もう少しだ、元気で」と、颯爽ともと来た道を降りていく。ふと石川さゆりの「天城越え」の中の「浄蓮の滝……」の歌詞の部分が頭に浮かぶ。

そこから枝をつかみ岩にしがみついて、六五四メートルの第四のピークに到達。心臓は踊り、膝は笑い、日ごろの運動不足を痛感しつつ、また急峻な坂道を転げるように降り、三時ごろ左右内《そうち》という同名の渓谷沿いの集落にたどり着く。農家で井戸水をもらう。うまい。「どうぞ」とトマトをいただいた。本当にうまい。涙が出る。

接待のトマトが滲みる胃と心

ようやく昼飯のおにぎりを腹に収めて人心地つき、谷川の向こうを望むと、焼山寺へ続く絶壁のような尾根が目に入ると同時に、道路際に立つ「ご用命は寄井タクシーへ」の看板も目に入る。心憎いまでの的確な広告に、即座に君子豹変し、全行程歩くのはやめ、携帯電話でタクシーを呼ぶ。

たどりつきたる焼山寺

　日本は便利になり過ぎて、このような山奥でもちゃんと携帯電話がつながる。運転手さんに「お二人さん、タクシーを呼んでそれは正解ですわ。軽い熱中症です。無理はあきません」と懇々と注意され、冷房の心地よさにうとうとしているうちに焼山寺に着く。

　焼山寺は大変な深山幽谷にある。八世紀初頭に修験道の開祖・役行者《えんのぎょうじゃ》小角《おづの》が山を開き、その後、弘法大師が修行した聖地である。杉の大木に囲まれ霊気に満ち、本尊への参拝路には青紫の紫陽花が満開。霧が出てきて少々寒い。

開経偈だけは流暢に

あじさいの迎えし山のご本尊

その親切な運転手さんが近くの神山温泉まで送ってくれた。「民宿あすか」に投宿。一風呂浴びた後のビールで生き返った。

（和）

7月18日・月曜日

昨日は汗びっしょりの難行苦行で山道を歩いたが、民宿についてからは隣の温泉センターで温泉につかって実にさっぱり、夕食に飲んだビールの一杯は甘露もかくやと思わせるほどであった。着ていたものも洗濯し、朝には乾いていた。

今日は新たな気分で出発だが、この宿は当初に予定していた歩き遍路のルートから大幅に外れている（ルート沿いの宿もあったのだが、タクシー運転手の勧める「温泉」という言葉に負けてしまった）。したがって、本来の道に戻るまでバスを利用することになった。宿の主人曰く、バス停でなくても宿の前で手を挙げると止まってくれると。のんびりしたものである。ゆっくりしている車遍路組を尻目に、朝食もそこそこに出発した。

第十三番札所 大日寺《だいにちじ》

鮎喰の里大日寺

バスは川沿いの道を走っていくが、どうもこの道は新しくできた道らしい。集落は旧道沿いにあるので、旧道と新道を行ったり来たりしながらバス停で客を拾う。旧道に入ると急に道が狭くなり、離合するのがやっとである。軒先すれすれを器用に通っていく運転技術に感心する。

地図によると、川は吉野川の支流である鮎喰《あくい》川のそのまた支流のようだ。橋を渡るたびに川は右になり左になりするが、基本的に道は川に沿って下ってゆく。四十分ほどで大日寺に着いた。

バスを降り、寺に向かって歩き出そうとしたとき、相棒が「アッ」と小さく叫んだ。

「どうした?」

「杖がない」

「えっ？」

「杖を忘れてきた」

ハッと気がついた。いつも持っている杖がない。二人とも宿に忘れてきたのだ。遍路宿はどこも玄関に杖立てを置いてあり、出がけに持って出るのだが、バスの時間が気になって置き忘れた。杖は弘法大師の分身である。大師と一緒に巡るからこそ杖に「同行二人」と書かれている。遍路の象徴でもある大切な杖を置き忘れるとは、なんともうかつな話だ。まだまだ修行が足りないと大いに反省する。仕方がないので、宿に電話して家に送ってもらうことにした。

大日寺はバス停の真ん前、県道に面した場所にあった。その昔、弘法大師がこの場所で護摩修法をしていると大日如来が現れ、「この地は霊地なれば一宇を建立すべし」と告げられたという。そこで建てたのがこの大日寺だそうである。

大日も護摩壇の火に汗をかき

山門を入って左手に本堂と大師堂が向き合っている。参拝を済ませ、例によって納経所で朱印をもらい出発となった。

第十四番札所　常楽寺《じょうらくじ》

昨日とは打って変わって、大日寺からは平坦な道が続く。焼山寺までの山道で、暑さと乾き、疲労で遭難一歩手前までいったのが嘘のようだ。鮎喰《あくい》川の清流を左に見ながら歩き、やがて一宮橋を渡ると、もう行程の過半である。杖こそないが、リズムよく歩いて、およそ三十分で常楽寺に到着した。

真夏の太陽常楽寺

境内には岩盤が剥き出しになったような岩場があり、池をなしているところがあった。池のほとりに水道を見つけたので、参拝後ちょっと拝借してタオルを洗い汗を拭く。一服して道順を確認し出発。次の国分寺はすぐ近くである。

第十五番札所　国分寺《こくぶんじ》

名前からして聖武天皇が全国に造らせたものの一つらしく、山門の下に「聖武天皇勅願所」の石碑があり、向こうに重厚な本堂が見える、風格のある寺であった。年代から考えると、空海がこの地を訪れ

年代ものの国分寺

たときにはすでに存在していたことになる。一通りの参拝を終え、観音寺をめざす。

第十六番札所　観音寺《かんおんじ》

国分寺から観音寺までは距離にして一・七キロ、道は真っ直ぐ延びていっている。両側は田んぼである。道に沿って用水路が設けられており、豊かな水が勢いよく流れて青々した田に送られている。透明できれいな水だ。近くの農家の庭先には、強い日差しに耐えてむくげの花が咲いていている。

陰になるものがない炎天下、黙々と歩き、自販機で冷たい飲み物を買う。昨日の山道では望むべくもなかった自販機のありがたさが身にしみる。とにかく暑いので、シャツ一枚に菅笠《すげがさ》をかぶり、首から手ぬぐいをぶらさげ、ズボンを膝までまくり上げるという出で立ちである。相棒は笑うが、お互い大して違いはない。体裁など構っていられない。

へんろ路の木槿《むくげ》を揺らす風ひとつ

だんだん人家が多くなり、街道沿いの町の雰囲気になった。道の突き当たりが第十六番・観音寺である。

背筋を伸ばす稲穂かな

犬も遍路で汗をかき

観音寺で休憩していると、あたりを歩き回る犬が目についた。なんと遍路の白衣を着せられており、背中に「南無大師遍照金剛」という字が見える。白衣に犬用があるとは知らなかった。飼い主とおぼしき人は意外にも若い女性である。聞くと、自分で着るのは恥ずかし

井戸寺で昼飯きつねうどん

いから犬に着せていると。大分から一人で来ているという。車に寝泊まりしながら回っているらしい。確かに大分ナンバーの軽自動車であった。一体に遍路は年配が多く、中には若い人もいるが一人は少ない。動機が気になるところである。

第十七番札所 井戸寺《いどじ》

観音寺を出て、今回の区切りを予定している第十七番・井戸寺に向かう。国府の町を抜ける道筋で約四十分かかった。

井戸寺を終え、うどん屋で昼食をとりながら相談するに、今回はバスを使ったため、予定時間が大幅に短縮され、帰りの汽車までずいぶん時間を余している。この際十八、十九番まで回ったらどうかということになった。といっても、歩いて回る時間はない。十八番の恩山寺までは二〇キロもあるのだ。タクシーと電車を乗り継げば回れる。しかも楽だ。次回の遍路で再びここまで来て二〇キロを歩くことを考えると、この誘惑は抗し難い。

二人とも即座に賛成、たちまち歩き遍路の原則は変更され、場合によっては公共交通機関を利用するも可ということになった。あとは後ろめたさを解消する適当な理屈をつければよい。次回以降の行程が組みやすい、体力的・年齢的にも無理は禁物などという大義名分を思いついて、お互いを納得させた。

記憶に薄き恩山寺

第十八番札所　恩山寺《おんざんじ》

恩山寺にはタクシーとJRを乗り継いで参拝したが、歩きに比べて極めて高速移動なので、不思議というか当然というか、途中のことはあまり記憶にない。あっという間に着いた感じである。車中では、座ったまま運んでくれる文明の利器のありがたさをしみじみ感じていた。

旅の打止め立江寺

第十九番札所 立江寺《たつえじ》

今回の区切りである。この寺はJR立江駅のすぐ近くにあるので帰りは好都合である。ここまで来ておけば、あと一回で徳島県を卒業できるかもしれない。しかし、乗り物を使うのと歩くのとでは、こうも違うのだろうか。恩山寺では楽でよいと思ったが、二つめとなるとなにか物足りない。苦労なく着いて参拝しても、疲れているわけでもなし汗をかいているわけでもなし、あっけないものだ。なんだか近所の寺をちょっとお参りしたようで感慨も湧かない。

明らかに速度と達成感は反比例する。世はまさにスピード時代だが、あまりに効率を追求すると失うものも大きい。多少不便でも感動と驚きのある遍路旅であって欲しい、次は歩くぞ！としておこう。

（康）

やっぱり遍路は秋がいい

【20番・鶴林寺→23番・薬王寺】

平成17年10月8日・土曜日

今回も午前中の外来を終え、あわただしく徳島へ出発。夕刻、空港からバス、徳島線を乗り継いでJR西小松島駅着。この徳島第二の都市・小松島市も主な産業の造船所の廃業で元気がない。夕食を求めてさまようも、街は暗いし、人がいない、開いている食堂もない。

あきらめかけていると突然、糸島・二丈海岸の海の家のような、建物全体を真っ白に塗った「ぎんなん」という派手な食堂を発見。なぜか大入り満員、魚の煮付け、スパゲッティから酢豚まで和洋中のなんでもあり、しかも激安。我々が遍路と聞いてのおもてなしのビールと、この近くの海でとれた小魚の南蛮浸けで至福にひたる。これも弘法大師の御加護であろう。

深夜、ほろ酔い気分で勝浦川沿いの遍路宿「金子や」に到着。

10月9日・日曜日

第二十番札所 鶴林寺《かくりんじ》

早朝、鳥の声で目が覚めた。快晴。徳島県第三の川・勝浦川は目の前を堂々と流れている。鮎が名物との由。朝食をとりながら宿のおかみから現代遍路事情を聞く。歩きが減り車を使う人が増え、素通りされて年々泊まり客は減少傾向だという。このような昔からの遍路宿も大変のようだ。

七時、おにぎりをもらって出発。今日の目標、第二十番・霊鷲山《りょうじゅざん》鶴林寺、第二十一番・舎心山《しゃしんざん》太龍寺は、昔から「一に焼山、二にお鶴、三に太龍」といわれる阿波の〝遍路返し〟の難路だとのこと。七月の遍路では第十二番・焼山寺で大変な目に遭っている。心して向かう。

遍路返しの山の道

宿のすぐ裏からさっそく山路となり、少し色づいたみかん畑の中をジグザグに登る。今回も相棒と駄句をひねりながらの吟行とする。みかん畑の相棒を眺めてまず一句。

秋深し先行く遍路何思う
まだ青きみかん畑の遍路道

冷たき水は甘露なり

旅の前、俳句教室で師匠から「俳句の季語は大事な約束事ですから、なるべく季語は吟味して作句を心がけてください」とご指摘を受け、今回は高浜虚子編集の『季寄せ』を持参した。みかんと遍路はともに秋の季語。なかなか吟句は難しい。

今日はまず標高三〇メートルから五一五メートルの第二十番・鶴林寺まで一気に登る。福岡市の油山級か。風景はみかん畑から杉林、そして広葉樹林に変わる。難渋した焼山寺への遍路道に比べると楽な山道である。約一時間で標高一八〇メートルの水呑大師という小さなお社を通過すると、尾根道となり見晴らしがよくなる。山が深い。ま

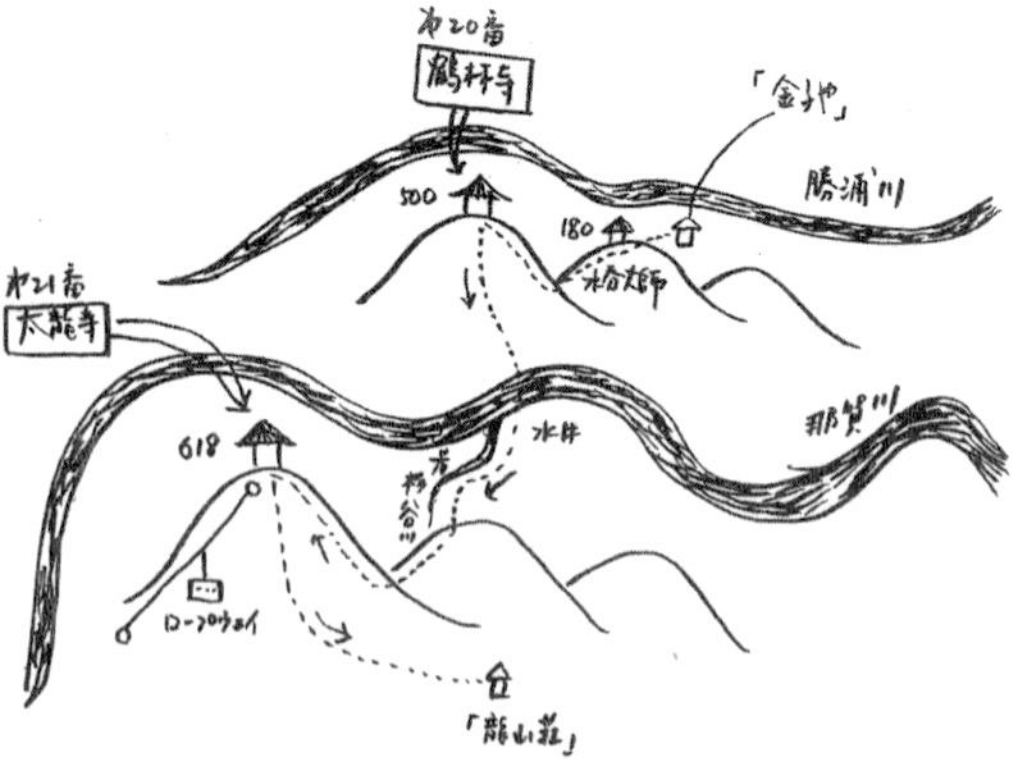

ようやく登頂鶴林寺

だ紅葉には少し時間がかかりそうだ。遍路道のところどころで朝露にぬれ、苔むした古い道しるべの石柱、石仏が迎えてくれる。

　ふもとから約三・五キロ、二時間半で、運慶作と伝えられている鶴林寺の山門に着く。深い緑に囲まれた、いいお寺である。弘法大師が自ら彫ったという御本尊・地蔵菩薩の前で久しぶりの般若心経を唱える。

第二十一番札所 太龍寺《たいりゅうじ》

ここから、徳島県第二の河川・那賀《なか》川のほとりの標高四〇メートルの水井集落まで急斜面を駆け下り、その支流の若杉谷川を遡り、標高六一八メートルの第二十一番・太龍寺までは約七キロの道のりである。太龍寺へはふもとから山頂までのロープウェイがあるが、我慢して乗らずに歩く。さっそく、杉林の中をひたすら下る。秋空のもと、涼しいそよ風の中、疲労感はさほどない。遍路は秋がいい。

水井で那賀川を渡り、若杉谷川という渓谷に入る。この谷は流れも登山道もゆるやかで、まだ色づいていないもみじの林の中を、木漏れ日を浴びながらハイキング気分で登る。

まだまだ続く山の道

渓谷の中ごろに縄文・弥生時代の古代人が化粧や埋葬に使ったという、当時の貴重品であった顔料を採掘した遺跡があった。西日本全域に流通していたという。古代人はこんな山の中に埋まっているのをよく見つけたと思う。佐賀県の天山の黒曜石が日本列島だけではなく朝鮮半島、遠くはシベリアまで流布していたとも聞くし、我々の考え以上に古代は人や物の交流ネットワークが密であったのであろう。一方、現代はこの美しい渓谷のところどころに日用雑貨から冷蔵庫、廃車まで不法投棄の山。

せっかくのいい気分が台なしと思っていると、谷のせせらぎが消え、

大師も修行太龍寺

急峻な山道となる。さすが〝遍路返し〟の名がつくような難路をあえぎあえぎ、午後三時、弘法大師が修行僧のとき山岳修行をしたという阿波太龍嶽の登頂に成功した。太龍寺は〝西の高野山〟といわれる名刹で、ここも大師が自ら彫った虚空蔵菩薩が御本尊である。

遅い昼飯のおにぎりをほおばっていると、オスの野良犬が寄ってきたので少しおすそ分けをした。我々が山を下り始めると、その彼が我々の数歩先を先導してくれるではないか。さすが二山も越すと初老期の足腰は痛み、途中で立ち止まる。すると彼も止まって待っている。分かれ道になると、彼はちゃんと正しいほうで待っていてくれる。つるべ落としの

秋の夕暮れ、ましてや疲労困憊《こんぱい》状態に、誠にありがたい。歩くこと一時間半、「龍山荘」という民宿の前で、あたかも「ここがいいぞ」と首を振って、山に帰っていった。

唯一空いていた大広間に泊まることができ、いびき対策に、お互い、部屋の両端に布団を敷いた。夕食のビールはまさしく甘露であった。爆睡後のことはまったく覚えていない。

犬が薦める今日の宿

10月10日・月曜日

第二十二番札所 平等寺《びょうどうじ》

早朝起きると外は霧雨。さすがに深山、緑が濃い。空気がうまいと朝飯もうまい。遍路宿の共通点はどこも朝の味噌汁がうまいこと。

七時、おにぎりをもらって出発する。今日の午前中は、まずは第二十二番・平等寺まで、途中低い峠があるものの、約一二キロ、ほぼ平坦な山間の道である。昨日難儀した太龍山を源とする加茂谷川沿いの県道を、雨の中、とぼとぼと歩く。少し雨脚が強くなり、冷えてきた。時折、遍路客を乗せた貸切バ

心も凍る秋の雨

スが追い抜いていく。山道は幅が狭く、歩き遍路には少々危険である。山道ゆえ、すれすれに車が通過していく。
　棚田には稲穂、彼岸花が揺れ、家の軒先の柿は色づき、やはり秋である。二時間後、雨もやみ青空が見えてきたころ、みかん畑と雑木林を抜ける古い遍路道に入る。道沿いのさまざまな木々がいろいろな濃淡で色づき始め、これぞ秋の遍路道である。写真好きの相棒は足の痛みも忘れ、シャッターを押すのに余念がない。

あかとんぼふわりふわりと道案内
柿紅葉ゆれるコスモス彼岸花
野仏の背にコスモスの風にゆれ

平地が切れ、標高二〇〇メートルの峠にさしかかる。さすがに昨日の山行の疲れか、足腰が痛み、思いのほか足が進まず、ようやく峠を越すと、もう平等寺がある集落に出た。あたり一面、ビニールハウス。その中はイチゴが多く、それに洋蘭もある。相棒と快調に駄句を吟ず。

峠にて荷をおろしけり草紅葉

山降りて大根の葉の青さかな

運動会の喚声を背に道急ぐ

最後の関門山ひとつ

ようやく峠を越しにけり

平等寺は集落を見下ろす小高い丘の上にあり、村の檀家寺の風情。弘法大師が杖で突いたところから聖水が湧き、飲めば胃腸、眼をすすげば眼病にご利益あり、という。となればご本尊は薬師如来で、さすが病気平癒の祈願が多い。寺の石段に座り田園風景をめでながら、昼飯のおにぎりをほおばる。デザートは門前で買ったご当地のみかん。うまい。

相棒の膝が変調をきたす。昨日の遍路返しの山坂のせいである。やはり還暦近い歳のせいか。今後の遍路は無理を避けることにして、ここから次の第二十三番・薬王寺まではJRを使うこととする。

最後も階段平等寺

お経もだんだんうまくなり

第二十三番札所 薬王寺《やくおうじ》

JR牟岐《むぎ》線の新野駅から普通列車で薬王寺のある日和佐《ひわさ》駅へ。歩くことに比べれば、このようなローカル列車でも、なんと現代文明の利器は楽なことか。

車内で今回の旅の前にたまたま見つけたお遍路に関する医学論文を読む。

阿波の終わりの薬王寺

四国巡礼の旅「歩き遍路」は、ひと時、Animal sociale（共同体を作る動物）とも離れ、科学技術の象徴である自動車を拒否し、二本足歩行たるヒトの原点、Homo erectus（立つ人）に回帰しひたすら歩く、そして生産性を考慮の外においたHomo ludens（遊ぶ人）に徹することが、再びHomo sapiens（賢い人＝人類）に戻れる道なのかと内なる声が問いかけるのである。（中略）スポーツ医学的に言えば、歩行という活性酸素の産生を抑制する有酸素運動と、山登りという活性酸素の産生を増強させ身体に障害的に働くやもしれない運動が、交互に組み合わさった強弱反復運動ともいえよう。歩き遍路は全行程を歩数に換算すれば単純計算でおよそ二二〇万歩に相当する。平均七、八時間を歩き続けると一時間二三〇キロカロリーのエネルギーを消費するとして、一日一六一〇−一八四〇キロカロリー、連続四十三日で結願《けちがん》したとすればじつに六九〇〇〇−七九〇〇〇キロカロリーのエネルギーを消費したことになり、仮に脂肪だけが燃焼したとすればその量は累積九−一〇キロに達する。（中略）いずれにせよ、遍路は少なくとも歩いているときは、特定の思索に拘《こう》泥《でい》せず、抑鬱状態から開放されているであろうから、また寺院の静謐《せいひつ》の中にあって心の安らぎ、そして持続的な歩行という筋肉運動、これらが私の精神と身体に少なからぬ効用を齎《もたら》したことは実感である。

（多田祐輔「四国遍路における医学的考証」、「MEDICAL DIGEST」五十四巻六号、二〇〇五）

今後は、我々も宿でのビールだけを目標とせず、学問的に遍路を続けることにする。

午後三時、薬王寺を参拝する。ここは徳島県最後の寺である。これから高知県、愛媛県、香川県、あと六十五寺、まだまだ先は長い。

（和）

修行の道場

土佐の国・高知

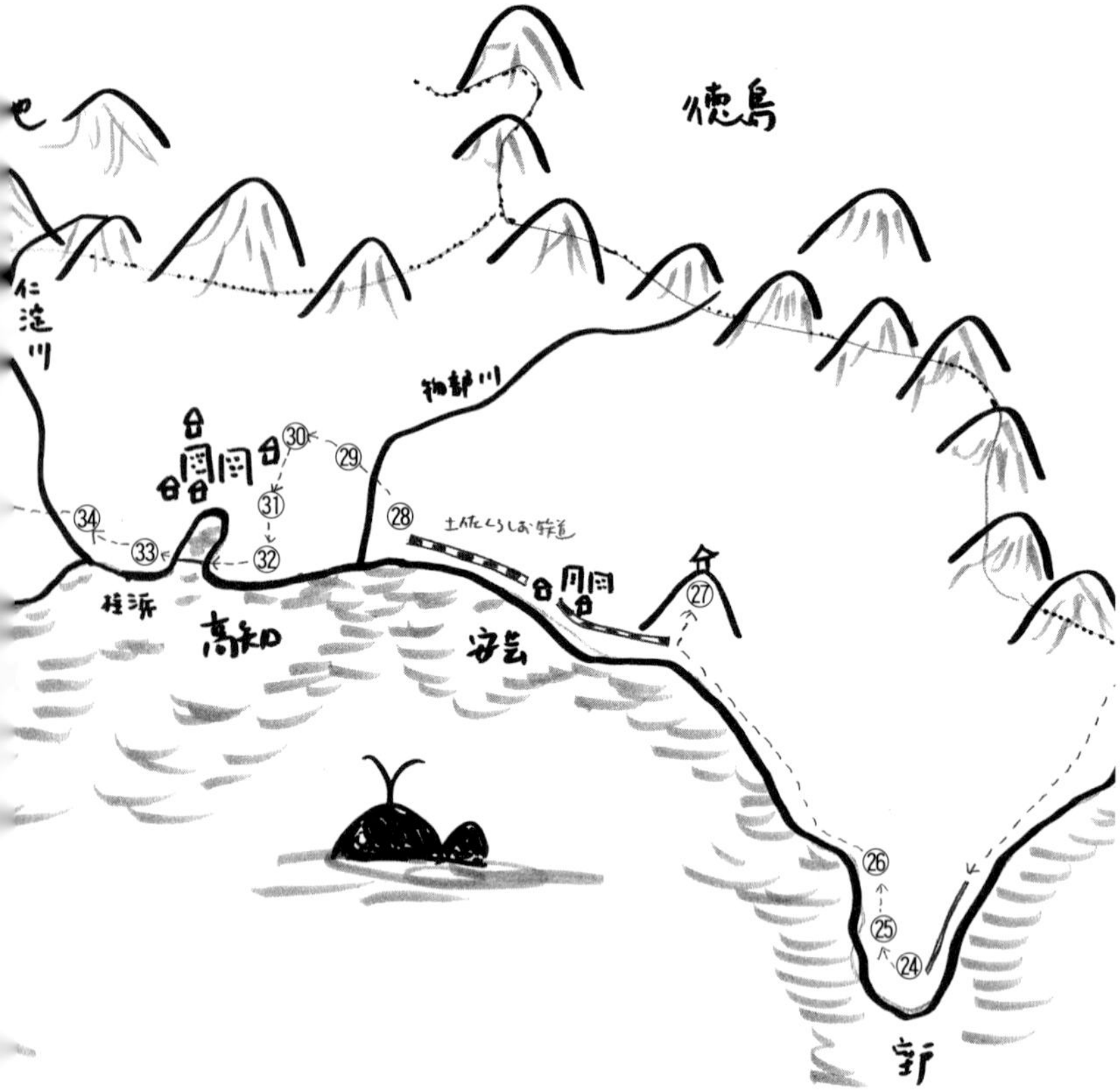

- - - - 歩き
━━ タクシー、バス
▬▬ 鉄道

高知県

㉔最御崎寺
㉕津照寺
㉖金剛頂寺
㉗神峯寺
㉘大日寺
㉙国分寺
㉚善楽寺
㉛竹林寺
㉜禅師峰寺
㉝雪蹊寺
㉞種間寺
㉟清滝寺
㊱青龍寺
㊲岩本寺
㊳金剛福寺
㊴延光寺

夏の海と列車とメガネ

［24番・最御崎寺→29番・国分寺］

平成18年7月15日・土曜日

梅雨明け宣言はまだ出ていないが、週末の天気は心配なさそうだった。四回目でやっと徳島県を卒業でき、高知県に入ることになる。

例によって土曜日の仕事を終え、慌しく飛行機に乗ったが、機体はこの九月で廃機になるYS11であった。機中のパンフに「ありがとう、YS11」とか「数々の思い出を乗せて四十一年間」とか書いてある。詳しくわからんが、四十一年目の飛行機というのは大丈夫なのだろうか。いささか不安になり、救命胴衣の着け方を見る目がいつになく真剣になってしまった。

徳島空港からJRで海部《かいふ》まで行き、ここから阿波海岸鉄道に乗り換えて終点・甲浦《かんのうら》に着いた。周りに商店もなく、とりたてて終着駅の風情があるわけでもない。ただ空気に潮気があって、近くに海の気配が感じられる。

とりあえず今日の宿を決めようということになった。遍路の案内書に載っている民宿に電話するが、どこも満室。聞けばこのあたりの海岸でサーフィン大会があるとのことで、あちこちから若い連中が集まってきているらしい。いきなり出くわした思わぬ事態に、こんなはずではなかったと焦ってあちこちに電話し、やっと一軒、四畳半の部屋ならというところがあり、背に腹はかえられず、そこに三人で泊まることになった。

サーファーのメッカ甲浦

そう、今回は三人連れなのだ。小中学校の同級生の清水明君が病み上がりのリハビリを兼ねて参加してきたのである。彼にしてみれば体力テストに主治医をともなって来ているようなもので、なにがあっても安心というところであろう。もちろん遍路は初めてで、本来なら一番から回るところであるが、試しに同行することになったのである。自信がついたら改めて一番から回るつもりらしい。宿が決まったのでさっそく歩き始めた。東洋町まで一時間くらいかかるだろう。

「お遍路さんかね、サーフィンの人かと思てたわ」。民宿のおかみさんは我々の姿を見てそう言った。

「お遍路さんなら部屋が狭いかもなあ……」。若いサーファーなら体も細いし、雑魚寝する体力もあるということか。おじさん三人には確かに狭いが、贅沢は言っていられない。

とりあえず荷物を置き、晩飯を食べに出かけた。教わった店はまだ開店前だったが、頼み込んで入れてもらう。一杯やりながら明日の計画を練っていると、外の道路をサーファーたちがぞろぞろ歩いていく。意外にも外国人が多い。食堂の主の言では「浜に有名な歌い手が来てるらしい」が、その名前はわからないという。みんな歌を聞きに行っているようだ。

我々も食後の腹ごなしに浜まで行ってみると、簡単な舞台がしつらえてあり、ライブの真っ最中であった。数十名の若者が浜に座り込んで歌と演奏を楽しんでいる。〝有名歌手〟の名前を聞いてみたが、知らない名であった。浜の近辺にはサーフショップやショットバー、ハンバーガー店、お土産屋まである。夏の夜の官能的な空気がただよい、外国人も多く、なんとなくハワイのムードである。

……………7月16日・日曜日

四畳半に三人は確かに狭かった。三つ巴になって床に就き、互いの盛大ないびきがもろに聞こえて睡眠不足気味である。特に清水君は、記念すべきお遍路の初夜でいきなりいびきの合唱を浴びせられ、かなりこたえたようである。その証拠に次の宿を決める際、彼は断固ビジネスホテルを主張した。

延々と続く海の道

第二十四番札所 最御崎寺《ほつみさきじ》

朝七時出発。室戸岬の突端、第二十四番・最御崎寺をめざす。めざすといっても、最御崎寺までは四〇キロ以上ある。今日中に着けるかどうかなのだ。国道55号線を歩く以外に道はなく、左に太平洋を見ながらの道中が室戸岬まで続くはずである。

三十分も歩いただろうかと思うころ、東洋大師明徳寺という寺に着いた。番外ではあるが立ち寄り参拝。ついでに借りたトイレの壁に「大小便時當願衆生　蠲除《けんじょ》煩悩　滅除罪法」とある。トイレのときぐらい皆のために祈りなさい、煩悩を退け災いが除かれるように、という意味か。この東洋大師には本堂の横に三畳ほどの通夜堂があって、お遍路が泊まれるようになっていた。
炎天下、波の音を聞きながらひたすら歩く。金剛杖の鈴の音と潮騒の音が、車が通るたびにかき消される。ふと下に目をやると防波堤の上にカマキリが一匹、こちらを警戒して果敢にも攻撃態勢をとっている。人生のどこで迷ってこんなコンクリートだらけの場所にたどり着いたのだろうか。

蟷螂は酔拳のごとく斧構え

やがて道はトンネルに入り、空気はひんやりしたが、車の通過音が反響して怖いくらいだ。おまけに巻き起こす風は思いのほか強く、うっかりすると吸い込まれそうだ。やっと抜けたところで相棒が一句。

隧道を出て知る夏の暑さかな
炎天下黒潮を背に小休止

室戸岬も近くなったと思うころ、御蔵洞《みくろどう》というところに着いた。ここで小休止。ここは修行中の空海が悟りを開いたといわれる洞窟で、この御蔵洞の内部から見た空と海に感銘し、空海と名乗ったということだ。鳥居があり中に入ると祭壇がある。鳥居があるのは神仏混交の証であろう。そういえば遍路の寺には境内に社があったり、神社と隣り合わせだったりが多く、神仏混交が色濃く残っている。

ずっと海沿いの国道だったが、ここからいきなり山道に入った。最御崎寺までの標高差一五〇メートルを登る。平坦な道に慣れた身には結構つらい。今まで遅れることなくついてきた清水君は、やはりまだ体力回復が完全ではないようで、急に歩みが遅くなった。遍

大師が悟った御蔵洞

亜熱帯の森の遍路道

南端の寺最御崎寺

路慣れ（？）した二人は短パン着用だが、彼は長ズボン。汗で歩きにくいせいもあろう。彼のペースに合わせ、休み休み登る。

最御崎寺にはなぜか昼ごろ着いた。一日かかるはずが途中でワープしてしまった。国道沿いを歩いていくと、ところどころにバス停がある。日に何便もないが、あるバス停で少し待てばバスが来ることを発見、三人ともそこから動かなくなったのである。

バスで距離を稼ぎ、再び歩いて先ほどの山道を登り切ったところに最御崎寺はあった。室戸岬の先端である。山門も本堂も古びており風格を感じさせる。清水君も見よう見まねで無事参拝を済ませ、ホッと一息ついた。

第二十五番札所　津照寺《しんしょうじ》

室戸岬の突端まで南下し、最御崎寺をかわすと今度は道が北上する。次なる寺は室戸市にある津照寺、距離にしておよそ六キロ、歩いて一時間半程度である。なにより腹がへったが、岬周辺には気のきいた食堂もない。とにかく津照寺まで行って参拝後昼食ということになった。

海の護りの津照寺

津照寺は国道から真っ直ぐ延びた参道の先にあった。突き当たりに、印象的な朱塗りの山門が見え、その先の小高い山の中腹に本堂らしき建物が見える。山門をくぐって見上げると、上のほうまで急な石段が続いていた。百段とはいわずありそうだ。

本堂だと思った建物は、石段途中の仁王門だった。上り切って息を弾ませながら振り返ると、室津の港から太平洋までが一望され、文字どおりホッと一息つくという仕掛けになっていた。清水君もなんとか上り切って参拝。

参道近くの食堂で遅い昼食となった。ニンニクたっぷりのかつおのたたき、かんぱち・むろあじ・うめいろ（アオダイ）・むつの刺身盛り合わせとなる

土佐の魚まさに口福

と、どうしてもビールを一杯。うまい。清水君と駄《だ》弁《べ》りながら食べていると、しばらく黙りこくっていた相棒が、突然大きな声で一句を吟じた。

うめいろを食って土佐路の夏来たる

この句を考えるのに黙り込んでいたらしい。三人とも昼のビールでいい気分になって次に向かう。

第二十六番札所 金剛頂寺《こんごうちょうじ》

葷酒《くんしゅ》山門に入れないのであろうが、大目に見てもらい入山。金剛頂寺は面白い寺である。門には仁王様の代わりに巨大なわらじが飾られており、境内には癌封じと称する椿の木がある。弘法大師が三合の米を万倍に増やして炊いたという大釜もあるが、千年近く経っているにしては不思議にもさほど錆びていない。

ここからも太平洋が望め、実にいい眺めだ。今日の予定もこの寺で終わりだと思いながら、しばし茫然と景色に見入る。

思いから醒めて眺める夏の海

7月17日・月曜日

だれのわらじか金剛頂寺

昨日は清水君のたっての希望でビジネスホテルに宿泊、三人ともシングルルームのありがたさを実感した。今日の神峯寺はかなりの登りなので清水君にはドクターストップがかかり、あとからタクシーで来ることになった。二人は朝六時半にホテルを出発、神峯寺をめざす。

第二十七番札所 神峯寺《こうのみねじ》

安芸《あき》から朝七時発の土佐くろしお鉄道で神峯寺最寄りの駅まで行くことにする。車窓から見る景色は見渡す限りビニールハウス。ハウスでは茄子を栽培しており、収穫量は日本一だそうだ。唐の浜という駅で降り、ハウスの間を縫って登りに入る。

車道がらせん状に続き、遍路道はそれを串刺しす

眼前一面土佐の海

るように延びているが、当然傾斜はきつく足もとは悪い。距離は長くなるが歩きやすいので車道を行く。たちまち汗が吹き出す。

途中の休憩地点から清水君に電話、朝飯のパンと飲み物を依頼した。

結構きつい登りを約一時間、汗びっしょりでやっと入口に着いた。広い駐車場があり、車からどんどん人が降りてくる。皆涼しい顔だ。見慣れた光景ながら、空腹で低血糖のせいか、いささか腹立たしい。

神峯寺は急な山の斜面に建てられており、山門から本堂まで石段を上るのがまた一仕事であった。車組もあえぎながら上るのを見ると、腹の虫も自然収まる。清水君と合流、参拝を終え、持ってきてもらった朝食をありがたくいただく。ここでまた相棒が一句。

梅雨あけて室戸の空の青さかな

安芸市を目指すため唐の浜駅から再び土佐くろしお鉄道に乗車。四国の三セク鉄道は各社いろいろなアイデアで客離れを防いでいる。風鈴列車、漫画コンクール列車などユニークな発想の車両が走っているが、乗った列車は展望デッキ列車とでもいうべきもので、車両の片側がオープンデッキになっており、そこに出ると太平洋がよく見えるようになっていた。

車内は通学客が多く、相棒はなんとか座れたが、近くにもう空席はない。清水君はと見

梅雨明けの青き海原

病気平癒の祈願かけ

般若心経もうまくなり

ると、地元の女子高生をつかまえて立ち話をしている。よし、オープンデッキに出てみようと思い、狭いドアを開けてデッキに出た。

　これが間違いだった。デッキには数人がいた。風が結構強い。居場所を定めようと手すりを握り、進行方向に顔を向けるか向けないかのうちにトンネルの入口が見えた、と思ったとたん列車はトンネルに突入した。猛烈な突風とともに一瞬真っ暗になり、すぐに抜けたが、なにかおかしい。なんだか視界がぼやけており、目がかすんでいる。思わず顔に手をやると……ない！　なんとメガネがなくなっている。あわてて周りを見回していると、横にいた青年が「今なんか飛んでいきましたよー」とのんびりした口調で外を指している。なにぃ!!　冗談ではないぞ、もう少し緊迫感を持った言い方をしてくれ、目が見えなくてどうするんだ、などと支離滅裂の思考。一瞬の出来事を自分に納得させるのにしばらくかかった。

がっくり肩を落として車内に戻ると、清水君は事の次第を聞いて大笑い。なおさら憮然《ぶぜん》たる気分である。

第二十八番札所　大日寺《だいにちじ》

安芸市は、土佐山内家の城下町。こぶりだがしっとりとした町並みである。三菱の創始者の岩崎弥太郎の生家も訪れた。煙草畑に囲まれた質素な農家であった。

遍路で充満大日寺

茄子のカレーと時計台

やはり一の宮国分寺

安芸市では名物である茄子カレーで昼食、帰りの飛行機に間に合うように急いで二十八番と二十九番を回っておくことにする。

第二十八番・大日寺は安芸市から土佐くろしお鉄道なら野市下車、徒歩一時間の距離。山門から石段を上ると正面奥に本堂、右手前に大師堂があった。両方ともきれいでさほど古めかしくはない。割と新しい建物なのだろうか。

第二十九番札所 国分寺《こくぶんじ》

第二十九番・国分寺は大日寺から約八キロ、歩いて二時間の距離である。阿吽《あうん》像のある仁王門から本堂まで石畳の参道があり、掃除の行き届いた境内には杉が木立をなしている。本堂は茅葺きだろうか、屋根の反りが優美な建物だ。品のいい寺で気持ちが落ち着く。今回の最後になるので心をこめて参拝するも、メガネの恨み言も一言添えた。

（康）

諸行無常――遍路道に思う

［30番・善楽寺↓37番・岩本寺］

平成18年10月21日・土曜日

第三十番札所　善楽寺　ぜんらくじ

大師も歓迎善楽寺

いつものとおり、午前中の診療を終えて、昼過ぎ、あわただしく空路、高知へ。秋の日は釣瓶《つるべ》落とし、夕刻五時ぎりぎりに、第三十番札所・善楽寺にどうにか到着。するとお寺はもう店じまい中。

慌ててまずは納経所へ行くと、住職から、「時間が来たらすぐ閉めてしまうところも多いから、もう少し早く巡るように」と言われる。我々がまだ本堂でお参りをしているのに、なんと、がらがらとその雨戸が閉まった。その余裕のなさに、少々あきれて、腹が立つ。これ、たえるのも修行とする。

10月22日・日曜日

快晴、寒からず暑からず、絶好のお遍路日和。今日は早朝から、高知市の外周を歩くコースである。

ところで、昨夜のかつおのたたきはうまかった。「週刊新潮」に載っていた「黒尊《くろそん》」という小料理屋。ご当地ではあんなにニンニクを使うとは知らなかったが、とにかくうまかった。そのおかげで今日の気分は爽快。たたきと土佐の地酒に感謝。

藩主の菩提寺竹林寺

第三十一番札所 竹林寺《ちくりんじ》

竹林寺は、五台山という小高い山にある土佐山内家の菩提寺。五重塔が立派で、なかなかのたたずまい。凛《りん》としたすがすがしさの中、般若心経を唱える。

山を下る第三十二番への遍路道は、市内にしては鬱蒼たる森の中。かわいらしい野仏の表情をめでながら、ふもとの下田川に至る。

さて、お遍路をしていて思うのは、公共工事の多さである。下田川は高知市の郊外を浦《うら》戸《ど》湾へ向かって西に流れる、福岡でいうと樋井《ひい》川くらいのありふれた河川である。五台山から数キロは、この川に平行して左に県道が走り、右に水路が流れていて、川と水路との間の土手が遍路道になっている。県道を歩行者専用の陸橋で越え、歩行者専用の鉄製の橋で川を渡る。近くにはコンクリート製の立派な車道橋が見える。

深き森下る遍路道

この川と水路の両岸はコンクリート、水路は川底までコンクリート、周囲に広がる田んぼの擁壁もコンクリートで、水の流れるところに植物が茂る土がない。そして土手の上の遍路道、農道、田んぼのあぜ道もアスファルト舗装されている。こんなに自然環境を人工的に変えたら、水辺の小生物もさぞ生活し難かろうとか、せめて土手に並木ぐらい作る余裕があっていいとか、結構強い秋の日差しを浴びながら、吟句よりも議論しているうちに、遍路道は土手道から、今度は細長い集落を貫く旧道になる。

道の右側の家並みが櫛《くし》の歯が欠けたようになって

いて、建築反対と立て看板があるが、すでにところどころコンクリート製の橋脚も立っている。そばの小山にはトンネルも出来つつある。どうやら国道のバイパスが集落の中を貫く計画らしく、造るにしても、なにも集落の中を通さないでも、広がる農地にでも造れば予算も当然減るであろう、と思う。

この狭い地域だけでも、その社会基盤整備のために、今までかけた、また今かけつつあるその金額たるや大変な額であろう、などと高尚な考察をするう

芙蓉一輪人知れず咲く

ちに、遍路道は桂浜に向かう緩い山越えの県道になる。

このあたりは高知市のベッドタウンで、新しい瀟洒《しょうしゃ》な一戸建住宅が多い。秋の気持ちのいい日和、幼い子供を連れてのんびり散歩をする若い夫婦、小さな池で釣り糸を垂れて半分居眠りでもしているような釣り人、そして爆音を残して通り過ぎていったハーレー・ダヴィッドソンのオートバイ同好の一団。一人ひとりがのんびりと過ごす日曜日、この、まったり感がいい。

すれ違った子連れ家族を見てふと思った。あんなふうに子供を連れて散歩をしていた自

分もいたことを。いつの間にか、もう三十年以上も経ったのか。大学病院勤務のころ、当直明けでも、せがむ幼かった三人の我が子を連れて、公園に行った、天神商店街に行った、レストランに行った。研究の合間を縫って、時間を見つけてよくドライブに行った。帰路、家族は全員疲れて寝てしまい、一人ぶつぶつ言いながら運転した。大学では無給の期間が長く、生活のためにアルバイトに行った。研究に、先輩後輩の付き合い酒に、よく徹夜した。実験がうまくいかず、よく悩んだ。夜中、将来どうなるかと不安で目が覚めたこともあった。

遍路見護る小大師

あのころ、肉体的にも、精神的にもきついと思ったが、今考えると充実した幸福な時間だったのであろう。そして若かったのであろう。気がつくと子供は成人し、皆、独立し、自分たち夫婦も、両親も歳老いた。そして今、還暦を目前にして、なにを思ったのか、中学時代からの相棒と四国を歩いている。

時間は容赦なく過ぎていく。本当に時間は一時も待ってくれない。釈尊は言う、すべてのものは常に留まることなく変化する、諸行無常と。同感である。

第二十二番札所 禅師峰寺《ぜんじぶじ》

海が近いのか、磯の香りがしてきた。茄子や茗荷《みょうが》を栽培している見渡す限りのビニールハウスを抜けると、禅師峰寺であった。このお寺は小高い丘の上にあり、雄大な太平洋が目の前に広がり、右手に博多湾の入り口の海の中道のように浦戸湾に砂洲が延びて、その先に桂浜がある龍頭岬《りゅうずざき》が遠望できる。

遍路の季節禅師峰寺

眼前藍海秋の海

狸親子も修行の身

第三十三番札所 雪蹊寺《せっけいじ》

一息ついたら、海岸沿いの防波堤を桂浜に向かって歩くことにする。台風の常襲地で、波が荒いのであろう、波消しブロックが延々と続く。遠い水平線まで続く黒潮の藍が目にしみる。若いアベックが防波堤に座って、二人、黙って海を見ている。自転車を止めて白人青年が深呼吸しながら、大海原に見入っている。

土佐の汐風心佳き

遍路姿も板につき

ありがたく車を停めてお接待

「もしもし、そちらの道はかなり遠回りになりますよ」と、ホンダのカブに乗ったおばさんが追っかけてきて、「これ、お接待」と、みかんを二個くれた。その忠告どおりルートを変更し、防風林の松林を抜け、古い屋並みの旧道を歩く。すれ違う人は

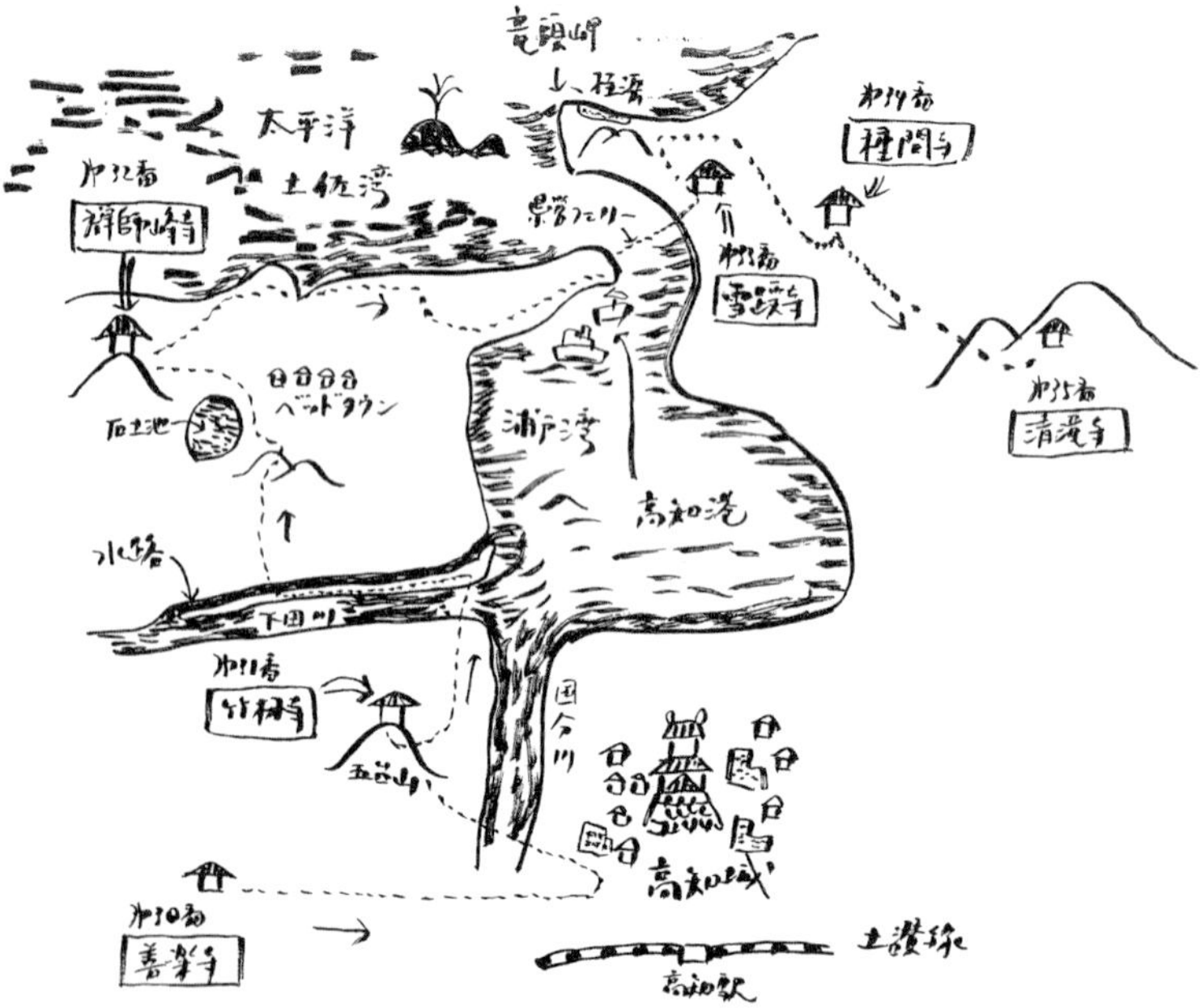

海峡を渡り雪蹊寺

桂浜にて仁王立ち

いない、歩き遍路もいない。暇そうな理髪店以外、ほとんどの店は閉まっていて、昼食向けの食堂を探すうちに、桂浜に向かう県営フェリーの渡船場に着く。

船を待つこと三十分、無料のフェリーで海峡を渡ること十分、狭い入り江にへばりつくような漁師町を歩くこと十分、第三十三番・雪渓寺着。あまり特徴のないお寺であった。

やはり有名な観光地を飛ばすこともないだろうということで、桂浜に寄り道、坂本龍馬像の下で記念撮影。コンビニのたらこのおむすびと一口チーズで昼ごはん。先を急ぐ。

雪が降らない雪蹊寺

第三十四番札所　種間寺《たねまじ》

朝の元気さもさすがに萎えてきて、話すのも億劫になり、お互いに無口になったころ、田園地帯の真ん中に大きなお寺が見えてきた。種間寺は農業の守護寺、弘法大師がここで穀物の種苗を育て、広めたという。

清流寺に向かう遍路道

門前の売店で、識字率の低かった江戸時代の絵文字で般若心経を綴《つづ》った手ぬぐいを買う。「仏像、背、鶴、逆さまの釜、般若の面、腹、箕《み》、田、鏡。環、磁石、采配《さいはい》、疣《いぼ》、お札。行事、ん、般若の面、腹、箕、田、磁石。笙《しょう》、剣、サイコロの五、羽毛、ん、開いた窓、喰う。砥石に点々、サイコロの一、喰う、矢、櫛……」＝「仏説摩訶般若波羅蜜多心経。観自在菩薩、行深般若波羅蜜多時、照見五蘊皆空、度一切苦厄……」となる。

第二十五番札所　清滝寺《きよたきじ》

夕刻、疲労困憊、重い足を引きずりながら、ようやく小高い山の中腹にある清滝寺にたどり着く。怖いほどの緑が迫り、山の精霊が棲んでいそうな、深山の名刹である。

ふもとからの細い山道は車で大渋滞。数十年に一度のご本尊のご開帳である由。案内の若い女子がやけに多いと思っていたら、高知女子大がこのお寺を研究しているらしく、ご本尊の薬師如来の前にはその助教授が鎮座していて、その由来を説明し、ご本尊に関する学術論文のコピーを手渡しながら、しきりと「あなた方は運がいい」を連発する。しかし

本尊開帳清滝寺

体だけでなく脳も疲れ果てていて、少しも説明が頭に入らない。

初老には無理は禁物、衆議一決、宿まではタクシーにする。乗るととたんに眠りこけて、今宵の宿までの道中は夢の中であった。

……10月23日・月曜日

昨日の「三陽荘」は、徹底的に遍路に特化した宿であった。太平洋に面したリゾートホテル風で、設備も良好、飯もよし、料金も手ごろ、接遇もたいしたものであった。遍路対策総合施設の観あり、弘法大師像を安置した礼拝所もあり、土産はもちろん、あらゆる遍路グッズ、仏

土佐の平野は風のどか

像まで売っている。その売店の棚で二年以上も瞑想されていた柔和なお顔のお釈迦様が、「吾を求めよ」と耳元で囁かれたので、つい買ってしまった。

ところで、お遍路で痛感するのは、コンビニ、宅急便の利便性である。日本国中、本当に津々浦々まであり、こまごましたものの調達、携帯電話の充電、コピー、そして購入した仏像から、アジの一夜干し、汗まみれの下着まで送ることができる。そして翌日には自宅に着いている。いつも最小限の荷物で行動できて、極めて便利である。世にここまでの機能が必要かどうかと思ったりしたが、これも世の進化、特に日本社会の均質化の一断面なのであろう。

第二十六番札所 青龍寺《しょうりゅうじ》

修験道のお寺で、不動明王を祀る一種凄みのあるお寺である。ふもとから中腹の本堂まで、空を覆うように繁茂する深い緑の中を、延々と石段が続く。山中、いたるところに石仏、塔頭《たつちゅう》や祠《ほこら》があり、そして霊水が湧き、滝がある。

一つ前の清滝寺といい、この青龍寺といい、なにか人を畏怖させる迫力を持つのは、その周囲の自然が圧倒的に力強いからだろう。南国土佐の強烈に降り注ぐ日光と雨量、それ

所狭しと千社札

霊気ただよう青龍寺

天井のモンローもお出迎え

に高知県が海岸の森を海の涵養林《かんようりん》として保護していることが、その要因だと思う。なにしろ緑が深く、酸素が濃い。

第二十七番札所 岩本寺《いわもとじ》

高知県南西部は、昔から山が海に落ちる名だたる難路で、JR土讃線を利用することにする。JRの終点・窪川《くぼかわ》町の駅前の岩本寺は本堂の天井の絵が有名で、鳳凰が舞い、マリリン・モンローが微笑んでいる。疲労も限界、今回はここまでとする。そそくさとお参りを終え、とんぼ返りで帰路についた。

（和）

土佐も見おさめ

【38番・金剛福寺→40番・観自在寺】

平成18年11月2日・木曜日

第三十八番札所　金剛福寺　こんごうふくじ

ここはまだ土佐かつおぶし

早朝に民宿を出発し、大岐《おおき》海岸の砂浜を歩く。この海岸は歩き遍路のルートの中でも屈指の美しい場所だ。朝早いのにもう海では漁師が数人、膝まで水につかり長い棒を操っている。ハマグリをとっているらしい。沖合いに昇った太陽は朝特有の硬い光を放ち、長い影を曳《ひ》いて歩いていく相棒が、逆光でシルエットになっている。めざす札所は金剛福寺。足摺岬の突端にあり、ここから一八キロほどだ。

弓なりの海岸を歩いていると、前方から遍路にしてはなにかが違うという感じの男が歩いてきた。ス

一人初老の秋遍路

はるばる逆打ちケニー君

キーのスティックのようなものを二本使い、金剛杖はなんとリュックに差し込んでおり、背中に長く飛び出している。近づいてみると外国人、それも黒人であった。ニコニコ顔で愛嬌のある男で、ロンドンから来たケニーだと名乗った。同じ遍路でもやはり外人さんはどこかちぐはぐである。いわゆる逆打ち（逆周り）で歩いているという。逆打ちは案内表示がないので難しいのだが、日本語が読めない外国人にとっては、どう回ろうが同じかもしれない。すれ違った後は猛烈な速さで遠ざかってい

秋の岬は波高し

かつおのたたきでまたビール

った。
　昼過ぎに足摺岬の展望台「天狗の鼻」着。岬全体が見渡せるいい眺めである。断崖絶壁の上にある白亜の灯台が印象的。
　展望台から金剛福寺はすぐであった。南国の強い日差しが照りつけ、広大な境内全域が明るく感じる。入口を取り巻く土塀の赤い瓦も南国風である。
　参拝を終え、昼食をとることにする。午前中に休憩した茶店のおかみさん曰く、ちょっと離れてはいるが「あしずり」がおいしいと。この茶店にも「ペタ焼き」だの「さんまの姿寿司」

南国の日差し金剛福寺

だの食指の動くものがあったが、いずれもまだ準備中で間に合わなかったのが残念である。ご推薦の店は、もう営業時間外になっていたが、頼み込んでなんとか食事にありついた。

第四十番札所 観自在寺《かんじざいじ》

順路は三十九番が先だが、都合でここを先に回ることにした。観自在寺は伊予の国・愛媛県最初の札所である。いい感じに古びて堂々とした山門が印象的。ところが入ってみると、建物が妙に新しい。なんでも本堂は昭和三十四年に焼失し、その後再建され、大師堂は平成五年の改築だというので合点がいった。

案内書によると、ここは第一番・霊山寺から最も遠い場所に位置しているという。信心の場に競馬のたとえで恐縮だが、いやなにも競馬でなくともトラック競技でもよいが、発走から一、二コーナーを回り向こう正面の直線に入ったあたりである。まだ全行程の半分は行っていないが、それなりに感じもつかめ、これから改めて気合を入れなおすところであろう。

伊予路の始まり観自在寺

第二十九番札所　延光寺《えんこうじ》

夕刻ぎりぎりに到着、どこのお寺も納経所は五時になるとぴったり窓口を閉めてしまうので、こういう場合は先に朱印をもらってから参拝することになる。この延光寺は赤亀山《しゃっきざん》という山号だが、文字どおり赤い亀が梵鐘《ぼんしょう》を運んできたという伝承があるらしく、背中に鐘を担いだ亀の像まである。ここは高知県最後の札所である。土佐は修行の道場といわれるだけあって、十六の札所はいずれも印象に残るお寺であった。ちなみに次の伊予は菩提の道場といわれる。願わくば菩提（悟り）を得たいと思うが、さてどうなることやら。観自在寺は別として、いよいよ

「いよ」へ！

今回は連休を利用していつもより長い四泊五日の行程である。場所が場所だけに、帰りはなんとか松山までたどり着くしかないからだ。しかし、せっかくだから天下の清流・四万十川にも遊んでみたい。川沿いに札所がないのが残念である。弘法大師もそこまでは考

亀が独り占め寺の庭

土佐の見納め延光寺

えなかったのであろう。せめて今夜は四万十市（平成の大合併とやらで中村市から変わった呼称）に宿をとり、川を眺めておこうということになった。ここまでの途次にひねった駄句は以下の如し。季節が合わないのはご愛嬌か、温暖化の影響か。

乳を呑む赤子の目線秋の空
煩悩を砕いて返す夏の波
野に一輪百合に誘われ誰思う

（康）

寄り道

四万十川

平成18年11月3日・金曜日

以前、高知市の小料理屋でうまいかつおのたたきを食べた。頑固そうな大将曰く、たたきという料理は、高知ではそれぞれの家庭で味が違い、もちろん県の西と東では当然異なる、と。そしてその居酒屋の屋号「黒尊」は「くろそん」と読み、彼の故郷、清流として名高い四万十川の支流の名から取った、という。酔った勢いで、いつの日か遍路の途上、大将の故郷へ行くことを約束してしまった。

四万十川は四国山脈・不入山《いらずやま》を源流とし、高知県南西部・幡多地方、四国のチベットと称される険しい山の中を大蛇がもだえるが如く蛇行すること約二〇〇キロ、四国の小京都・中村市

（現在は四万十市）を貫通し、太平洋・土佐湾に注ぎ込む。また、この河には多くの支流が流れ込むが、僻地《へきち》過ぎて見捨てられていたのか、農政的・経済的にまったく必要性がなかったせいか、その支流を含めてこの流域にはダムが建設されず、本来の天然の河の姿が珍しく残っている。

遍路道はこの河を避けるように続く。それはこの河の流れが急で地形も険しく、河の傍を歩くことが難儀であった証左であろう。今回、レンタカーでこの河の流域を遊ぶことにする。

昨日は足摺遍路の後、中村市にたどり着き、東京のプリンスホテルチェーンとは無関係の「中村プリンスホテル」というビジネスホテルに投宿。親切な受付嬢が薦める居酒屋「いなか」で遅い夕食をとる。

この地の塩だけのかつおのたたきは、なかなかうまかった。もちろん四万十川名物・青のり、川えびや地魚「ごり」のから揚げ、鮎の塩焼きも美味であった。この河の河口の汽水域《きすいいき》でとれた天然鰻のうなぎ飯まで、血糖値を気にしながら完食。また

黒尊川の源流
竹林多し

土佐の地酒がここの料理によく合うこと。やはり地元同士の酒と食材は夫婦以上の相性である。

興にのって隣のスナック「ゆずり葉」で一献傾ける。典子さんという土佐美人のママから、土佐弁の授業を受けたが、地酒で大脳が麻痺していて、八金《はちきん》＝男勝り、だけしか記憶がない。

ところで遍路で感心すること、まず地方は物価が安い。宿代一泊三七五〇円（朝食付き）、夕食三一〇〇円（酒込み）、スナック二千円（飲み放題）、地方の景気は冷えていて、デフレである。次に旅館が減ってビジネスホテルが増えてきたのもよく分かる。まずは気楽である。いくら狭くともやはり一人がいい。気の会った友達であっても、プライバシーは重要である。特に相棒は睡眠時無呼吸症候群、そのいびきたるや公害である。

早朝、まずは貴族の荘園から始まったという四国の小京都、しっとりした雰囲気の中村市内を慣らし運転。昔の学生街にあったような喫茶店「ひいらぎ」を繁華街に見つけ、モーニングサービスをとる。こくがあるコナコーヒーで二日酔いを中和し

四国の小京都、四万十市。町中運動会の花盛り

て、四万十川を北上。快晴の休日、河原には運動会が鈴なりである。

市街を抜けると、急に河の両岸に山肌が迫ってきて道幅が狭くなる。そして一時間ほど遡上すると、幅が二メートル程度の狭い堤が河を横切っているのが見える。これが有名な沈潜橋である。何カ所かあるらしい。増水すると橋は河水の中に飲まれてしまい、両岸の交通は途絶えてしまう。沈潜橋を恐る恐る車で渡る。橋は狭く両側とも欄干がないので運転は結構肝が冷える。その橋の真ん中の若干広くなっているところが離合場所らしいが、とても狭くて我々には離合は無理であり、かといって車をバックさせるのはなお恐ろしい。

長く快晴が続いているせいか、今日の河は流量も少なく極めておとなしい。橋の近くの河原には幼い子連れの夫婦が一組。父親と息子は投げた石が何回水面を跳ねるかを競争し、母親は娘といろいろな色の川石を収集している。この河はさまざまな地層・岩盤を激しく削るせいか、いろいろな色の石が上流から

沈潜橋、
生活の知恵

流されてくるらしい。

　川原に寝て空の蒼さを実感する。遠い上流の山肌に始まった紅葉に秋を体感する。澄み切った河の流れに水の碧さを知る。川面を渡る秋の風は微妙に涼しく、そして微妙に暖かい。うとうと眠くなる心地よさで、駄句も浮かばない。

　さらに四万十川を遡《さかのぼ》り、支流・黒尊川が本流に合流するところに至ると、一筋の煙が見える。陶房かと思って近づくと刀匠《とうしょう》の工房であった。蹈鞴《とうび》製鐵《せいてつ》・古代鍛造《たんぞう》技術研修所「工房くろがね」とある。気難しそうな白髪の初老の男性を中心にバンダナの若者がせわしなく汗まみれでなにか作業をしている。みんな作務衣《さむえ》を着ている。

　その若者の一人に聞くと、古代の製法で鋼《はがね》を造っているという。そしてここの主は日本刀の第一人者で、ＮＨＫで番組を持つほどの有名人であるとのこと。さっそく、記念として鉛筆削り用に小刀を求める。

　黒尊川に沿って走る林道を遡上する。この川は愛媛と高知の

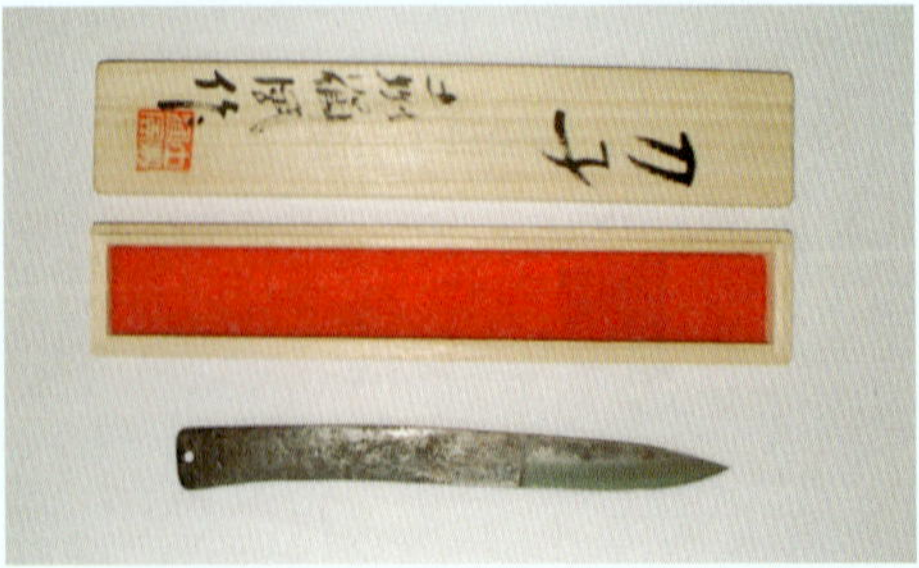

鋼の小刀は古代製法。
ペーパーナイフとして
重宝

県境の鬼ケ城山という深山を源とする渓谷で、その流れは瓢簞《ひょうたん》の如く、両側の谷が迫り極端に狭くなるかと思うと、急に広くなって小さな盆地が現れる。そこには必ず水田が広がり、集落があり、民家の背景に果樹林があり、そして村の鎮守の杜《もり》がある。思いのほか、この川には綿々と人が生活してきたという人間くささがある。

そして林道沿いには古戦場の看板がやたら目につく。道らしい道もない大昔、名もない土豪同士、村人同士がこの僻遠《へきえん》の峡谷で耕地をめぐって延々と血生臭い勢力争いをして、やがて歴史の中に埋もれ、消えて去っていったのであろう。

あの高知の居酒屋の大将はどんな理由でこの地の生活に見切りをつけて街に出たのだろうか。思わぬところで思わぬ人に会う、予期せぬ体験をする、それが世間の面白さであり、縁というものであろう。いつこの地を訪れるだろうか。まず来ることはないであろう。何事も一期一会である。最近つくづくそう思う。

（和）

土佐の大河四万十川

菩提の道場

伊予の国・愛媛

㊵観自在寺
㊶龍光寺
㊷仏木寺
㊸明石寺
㊹大宝寺
㊺岩屋寺
㊻浄瑠璃寺
㊼八坂寺
㊽西林寺
㊾浄土寺
㊿繁多寺
51石手寺
52太山寺
53円明寺
54延命寺
55南光坊
56泰山寺
57栄福寺
58仙遊寺
59国分寺
60横峰寺
61香園寺
62宝寿寺
63吉祥寺
64前神寺
65三角寺
66雲辺寺

愛媛県

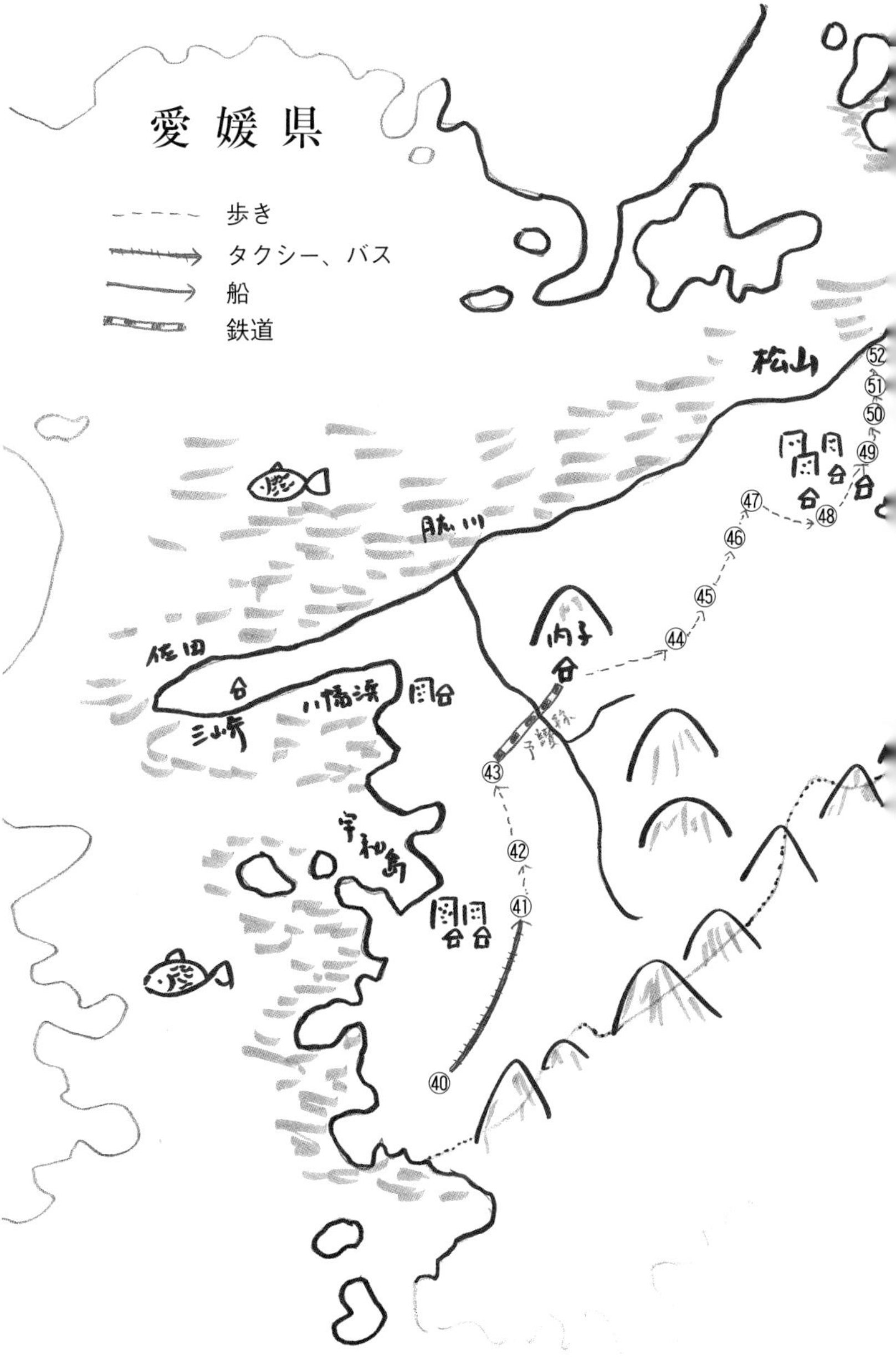
歩き
タクシー、バス
船
鉄道
松山
肱川
佐田
三崎
八幡浜
内子
予讃線
宇和島

いよいよ「いよ」へ

[41番・龍光寺➡48番・西林寺]

平成18年11月3日・金曜日

第四十一番札所 龍光寺《りゅうこうじ》

険しい山岳地帯、高知県の幡多《はた》を抜けて、ゆったりした田園地帯、愛媛県の南予に入る。目の前には刈り入れの終わった田んぼが広がり、空はすっかり秋の色。お遍路シーズンである。

南予地方は七福神信仰が盛んである。遍路道沿いの民家の土塀、屋根の上にはよく七福神の神々が微笑みながら鎮座されている。

この龍光寺のご本尊は十一面観音であるが、同時に恵比寿尊も祭神である。次の第四十二番・仏木寺は大黒天、そして第四十三番・明石寺は布袋尊が祭神である。これらの神々も、仏教が遠くインドからユーラシア大陸を経由して日本まで伝わった際に、はるばる海を渡って来日したのであろう。

ものの本によると、元来、七福神のうち大黒天、毘沙門天、弁才天はインドのヒンドゥー教の神々で、大黒天は本名マハーカーラ、豊饒《ほうじょう》・戦闘の神、毘沙門天はクベーラ・ヴァイシュラヴァナ、繁栄・勝利の神、弁才天はサラスヴァティー、福徳・音楽の女神だそうだ。一方、恵比寿、布袋、福禄寿、寿老は中国の土着宗教・道教の神々や僧である。

密教系の仏教では、その昔、さまざまの神々が釈尊の教えに帰依し、仏教守護の神になったとする。真言密教の祖・弘法大師が拓《ひら》いた四国遍路の寺々に、七福神の神々が多く見られるのもうなずける。仏教の母国・インドでは、その後、仏教はヒンドゥー教に飲み込まれてしまい、釈尊はヒンドゥー教の神様の一人に格下げになってしまう。しかし、日本列島には、この七人の神様たちが、喧嘩することもなく、仲良く、はるばるお釈迦様と一緒にご来駕《らいが》されて、

諸国の神が集う寺

土塀の角には恵比寿様

牛馬の護り仏木寺

先輩と食べた
カレーうどん

この四国の山の中の民家に安住の地を求められたことになる。

また、このお寺さんは稲荷信仰でも有名だそうである。いつの間にか日本固有の宗教まで混ざり合って神仏習合し、まさに宗教のカオスである。これは、いろいろなことに好奇心が強く、さまざまな外来文化を許容し吸収する、わが民族の特質によるものではないかと、相棒と哲学的、民俗学的に高邁《こうまい》な考察をするうちに、第四十二番・仏木寺につく。

第四十二番札所 仏木寺《ぶつもくじ》

このお寺は馬や牛の守り本尊として名高い。お寺の近くのうどん屋「大介」で遅い食事をとる。カレーうどんを注文する。大学病院に在職していたころ、研究室にこのうどんが大好きな先輩がいて、よくご相伴した。冷えにくいので、特に冬場、待ち時間が長い実験中の食事に重宝した。

不思議なことに、うどんとカレーは相性がいい。また、あのカレーのルーが絡んだ長ねぎはうまい。東京には有名なカレーうどん専門店もあると聞く。誰がこのような思いがけない組み合わせを考えたのか、などと考察しながら、腰のある讃岐風の伊予うどんを完食。

コスモスの寺明石寺

第四十三番札所 明石寺《めいせきじ》

日も陰るころ、風にそよぐコスモスをめでながら、ようやく明石寺到着。駐車場はお遍路の団体バス、自家用車で満杯。その団体バスから白いお遍路装束の人たちが降りてくる。年配の方だけでなく、若い人たちも結構多い。

経験豊かそうな先達が、まず本堂の前で寺の由来や本尊の説明をする。長からず短からず、流暢な解説である。横で聞いていても惚れ惚れするような熟練度で

内子の町並小京都

ある。すると間髪を入れず、「はい、皆さんでご唱和」、開経偈、般若心経、御本尊御真言と続く。

一方、お遍路客が参拝している間に、ツアーの添乗員がお寺の納経所に巡礼客の納経帳や掛け軸を持っていき、それに参拝した証拠としてその寺院名を揮毫・朱印してもらう。

やがて参拝が終わり、客がバスの座席に戻り、ホッとひと息、ペットボトルの緑茶を一口飲んで、隣の席の乗客に持参のピーナッツのおすそ分けをするころに、タイミングよく添乗員が納経帳や掛け軸を手渡し、「はい、次のお寺に出発」という段取りになっている。一連の流れに無駄がない。この手際のよさ、効率的なシステム作りの上手さ、感心する。

今日はここまで、ＪＲで今宵の宿泊地・内子へ向かう。八幡浜産の竹輪を肴に、まずはビール、満願の秋の一日であった。

（和）

11月4日・土曜日

昨日泊まった内子町は、古い商家の町並みが残る落ち着いたたたずまいの町である。いい町だが、我々が泊まった宿にはなぜか「老人福祉施設」という副題がついていた。

例によって早朝出立、次の第四十四番といえば札所八十八カ所の中札（ちょうど半分）であるが、道順の都合上、先に第四十五番の岩屋寺を回ることにした。

断崖の難路岩屋寺へ

第四十五番札所 岩屋寺 いわやじ

岩屋寺への道は途中からかなりの登りになり、このあたりも難所の一つである。中野村というところを過ぎ、槇《まき》の谷あたりに来ると、急に秋の色が濃くなり、空気もひんやりしてきた。通常の道筋から外れているので遍路もあまり通わぬと見えて山道は荒れ果てており、生え放題の草をかきわけ、倒木を越え、こまめに地図を確かめながらの行程となった。

歩いていていつも思う。今の歩き遍路は交通事故の危険性こそ大きいが、遭難の危険はまずない。しかし昔はいかばかりであったか。今、古い遍路道でよく見かける野仏は、遍路千年の歴史の中で行き倒れていった人々に違いない。

大正七（一九一八）年、二十四歳の高群逸枝が四国遍路の旅に出た。この旅の記録『娘巡礼記』（岩波文庫）によると、熊本の大津町から九州を横断して立野、竹田、大分と歩

岩屋寺への道山は荒れ

峠で一服メタボ腹

き、船で八幡浜に上陸、第三十七番に参拝、そこから高知方面に逆打ちしている。

途中から七十三歳の老人と同行することになるが、今ほどの道路標識もない時代、道を間違えて、一山越えることもしばしば、民家の軒先に無断で泊まって不審がられるのは序の口、着の身着のままの野宿で顔や手足に虫が這い上がる、夜露に打たれ全身「シトシト」になる、路銀に事欠けば老人が托鉢に回るというように、今とは比較にならぬ苦労をしている。逸枝はまた、そここで遍路の墓を見ている。新しいものには杖や笠が置かれ

岩屋寺は巌の伽藍

絶壁に修行の洞窟

鬼のわらじに千社札

ていたと記している。古の遍路はほんとうに命がけだった。

　道が下りになり、まもなく寺かと思うあたりから、不動尊などの像が目につくようになった。おそらく修験道の修行の場だと思われるが、赤や緑の原色に塗られた像が祀られた一帯は、一種独特の不気味な雰囲気を醸していた。

　裏側からたどり着いた岩屋寺は、その名のとおり巨岩に貼りつくように建てられていた。型どおりの参拝をして昼食。宿で用意してもらったおにぎりをパクついていると、お寺のおかみさんが来て「歩きですか」と聞く。そうだと答えると、お菓子をお接待してくれた。感謝万遍。

第四十四番札所　大宝寺　だいほうじ

大宝寺まではバスのつもりが、朝夕二本しかない。かといって歩くのでは遅くなる。思案の上ヒッチハイクを思いついた。こんなことは学生時代に貧乏旅行したとき以来だ。もちろん遍路では初めてである。

岩屋寺の駐車場から出てくる車に狙いをつけ、席に余裕がある車をと思って見ていると、年配の男女二人が乗っているライトバンが来た。お願いすると、自分たちはすでに四十四番を済ませたが、近くまでなら乗せてもよいと言ってくれた。夫婦二人で鳴門から来ているという。ところが座るべき後部座席は荷物の山。二人はあわてて片づけ始め、席を確保してくれたが、気の毒なことをしてしまった。お接待の押しつけのようなお願いを快く受けてくれ、これも感恩戴徳《かんおんたいとく》。

大宝寺は、境内に杉の大木があり落ち着いた雰囲気。ただ、このときは団体の遍路が大挙参拝していて納経に時間がかかり、今日の行程はここまでとなった。

……………11月5日・日曜日

第四十六番札所 浄瑠璃寺《じょうるりじ》

昨日、どうせ泊まるならと道後温泉まで行って一泊、多少贅沢ではあったが、有名な坊ちゃんの湯をはじめ、温泉町の風情を堪能して疲れをとった。

今日は道を戻り、四十六番の浄瑠璃寺から再開する。帰りの便の時間があるので、行け

心優しき浄瑠璃寺

るところまで行こうというわけだ。浄瑠璃寺はこぢんまりした中にもまとまりのある、緑いっぱいの寺であった。浄瑠璃寺からは平坦な道である。大宝寺から三坂峠を一気に下ると、この変わり様、四国の山の険しさを実感する。

第四十七番札所　八坂寺《やさかじ》

浄瑠璃寺から八坂寺までは一キロ程度。田園風景の中を難なく歩く。パチパチ写真を撮りながら快調に歩いていたが、急にカメラがおかしくなった。実は数日前から調子が悪かったのだが、ここにきてまったく動かなくなってしまった。落としたわけでもないのに原因不明。この区間だけ貴重な記録を残せないのは心残りだが致し方ない、相棒のカメラに頼ることにする。それにしても戻ってからの修理費を考えると気が重い。

第四十八番札所 西林寺《さいりんじ》

八坂寺から西林寺までは、道は広々しているが新しく出来たバイパスのようである。西林寺の山門は改修工事の最中で、足場材に覆われていた。

参拝後、目の前のうどん屋であわただしく昼食、帰りの便に間に合わすべく一路空港をめざす。途中、次の札所の浄土寺の門前を通ったが、時間もなく、だまって通り過ぎるしかなかった。

（康）

線香のかおりすがすがし

松山をめざし道急ぐ

おだやかな寺西林寺

真冬の温泉をめざして

【49番・浄土寺→51番・石手寺】

平成19年2月24日・土曜日

前夜、寒い夜風に震えながら、屋台でちびちび飲んでいると、相棒が「真冬の温泉もいいよな」と呟いた。悪魔のささやきである。突然、松山にお遍路に行くことになった。

夕刻、診察をどうにか終えて、あたふたと空港に直行、機上の人となる。

すっかり日が暮れた松山に着いて宿を探すも、どうしたことか、民宿を含め空いた宿がまったく見つからない。聞くと、この時期は愛媛大学の受験日で、毎年こうだそうだ。電話帳と格闘しながら、シラミつぶしで電話をかける。ようやく一軒、温泉旅館を道後に発見、「何人？　夕食はないよ。いい？」という主人の暗い声が気にかかるも、宝くじに当たった気分で投宿することとする。

迷いながらも、温泉街のはずれに崖にへばりついたように立つ旅館にたどり着いた。とにかく古い。照明が暗い。暖房が利かない。少々部屋も傾いている。こんなかき入れ時に客がいないのはやはり理由がある。

夜露をしのぐめどが立つと、腹がすいてきた。タクシーの運転手の薦めで「助挌」という大衆居酒屋で豊後水道の鯵、瀬戸の小魚類を賞味。店の大将の薦めるスナック「IMAMI」で伊予美人の雪絵ママから方言を研修、ママご贔屓《ひいき》の「かもとり権兵衛」の讃岐風鴨南うどんをトリに帰館。

空也上人浄土寺

2月25日・日曜日

第四十九番札所 浄土寺《じょうどじ》

曇天、寒い。時折パラパラと小雪が舞う。期待どおりの冬の遍路である。シーズンオフのためか、歩いているのは我々だけである。団体バスも来ない。ようやく昨夜の酔いが醒めてきた。

このお寺は、教科書などに載っている、口から小さな仏像が出ている空也上人像があることで有名らしいが、こじんまりしていて印象が薄い。

松山城望む繁多寺

冬の遍路にご接待

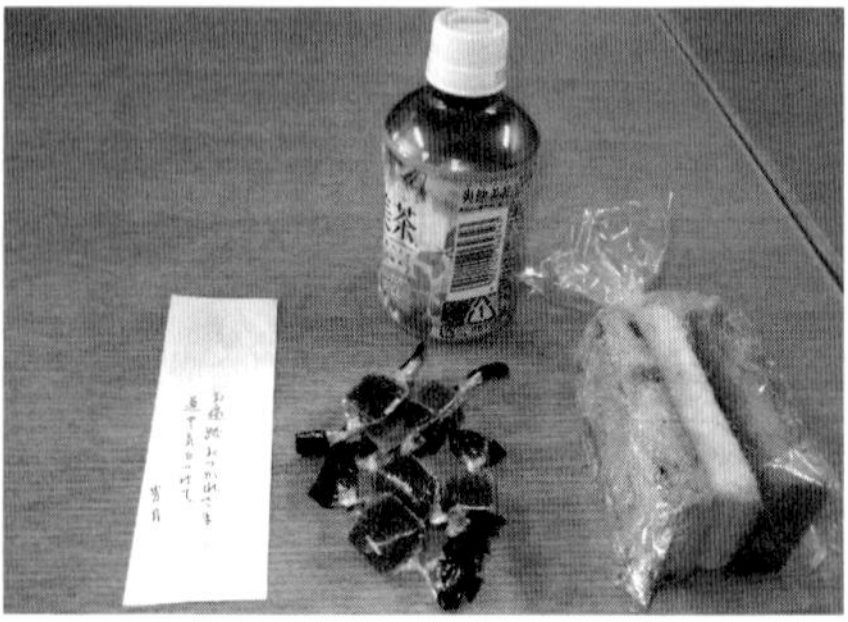

おつかれさまと茶とお菓子

第五十番札所　繁多寺《はんたじ》

小高い丘の上の本堂から松山城を望む。境内は梅の花が満開、しかし参拝者、お遍路はいない。やはりシーズンオフである。なにしろ寒い、冷気がこの肥満体の脂肪層を浸透して、棘《とげ》の如く内臓を刺す。

寺の門を出たところで中年の女性が寄ってきた。そしてお菓子が入ったビニール袋と温かいペットボトルのお茶をくれた。お接待である。こんな寒い中、また歩き遍路もあまりいないのに、よく待っているものだと感心する。なにか感じるところがあって、北海道からお接待をするために来ているという。その心とお茶の温かさに感動した。

第五十一番札所　石手寺《いしてじ》

道後温泉に近づくと、こんもりした森が見えてきた。石手寺は四国霊場でも古い寺の一つで、神亀《しんき》五（七二八）年に建立されている。

社会啓発石手寺は

八十八カ所手短に

安産祈願の石の山

心もほぐす
道後の湯

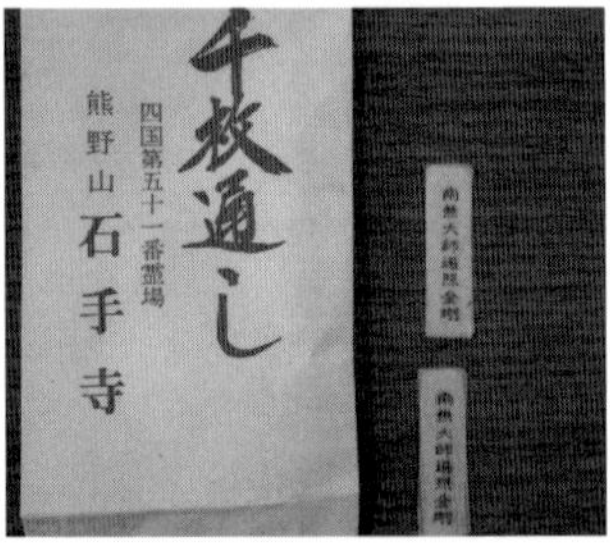

薬と一緒に
千枚通し

まず目に入るのが、イラク戦争反対の大横断幕と千羽鶴、「いじめから優しさへ」や「競争利権から共生へ」の立て看板。どうやら住職は社会啓発に熱心らしい。

なにしろ大きなお寺で、いろいろなアトラクションがある。境内にある三重塔を一回り、または洞窟を通り抜けると、四国八十八カ所巡りをしたことになるという。名前の由来からか、石のモニュメントが多い。安産祈願の祠があって、出産前にそこの石を一個持っていき、出産後には二個戻すという小石の山がある。

太宰府の梅ケ枝餅に似た、この札所名物の「やきもち」をほおばりながら、温泉街に向かう。「道後亭」で熱々の讃岐手打ちうどん、道後温泉本館でお湯につかって、ようやく人心地ついた。

（和）

罪滅ぼしか、初老期うつ病対策か

［52番・太山寺➡55番・南光坊］

平成19年5月30日・水曜日

第五十二番札所　太山寺《たいさんじ》

目に青葉　山ほととぎす　初鰹

いい季節になった。そろそろ四国に行こうか、という話になる。

いつものとおり、午前の診療を終え、昼過ぎ、松山空港に降り立つ。まず足慣らし、伊予灘に近い札所二寺を回る。

立派なお寺である。本堂は国宝、かの聖徳太子も来訪された由。久しぶりの般若心経を早口で唱え、足早に次の札所へ向かう。

太子も来訪太山寺

小さな祠
キリシタン

井口先生
久し振り

第五十二番札所　円明寺《えんみょうじ》

夕刻、五時ぎりぎりにたどり着く。隠れキリシタンの祠が売りの小さなお寺である。お参りも早々に松山の街へ。

急ぐには訳あり。今夜は医局の後輩の井口東郎先生と一献傾けるのである。彼は現在、国立四国がんセンターの要職にある。

「なに？　先生がお遍路？　心境の変化？　それとも、なにかの罪滅ぼしですか？　そうか、先生もそろそろ還暦で、初老期うつ病対策ですか！」

相変わらず、言わないでいいことを、ズバリ言う。井口先生推奨の「鯛や」で瀬戸内海の魚料理を賞味。久しぶりの再会、研究室時代の懐かしい話で盛り上がる。

波もおだやか周防灘

5月31日・木曜日

早朝、「ホテル№1松山」を出立。いい宿であった。聞くと連日ほぼ満室と、なかなかの繁昌。まず安価。部屋は少し広くて清潔。スタッフが明るく、またよく気がつく。大浴場とサウナがある。おまけに朝飯がいい。ビジネスホテルの進化はすごい。世の中、努力と費用対効果である。

今日は今治《いまばり》まで延々四〇キロをひたすら歩く予定。その間、札所はない。

第五十四番札所 延命寺《えんめいじ》

晴天、微風、少し汗ばむ程度。穏やかな瀬戸内海沿いの国道をのんびりタウンウォッチング。

松山市近郊の北条町で「花へんろ」という和菓子を見つけ、まず賞味。町並みはシャッター

のんびりと伊予路を行く

街道。貸家、売家の看板ばかりで、活気がない。歩道は広いが人気はない。マンホールの図柄が凝っている。車道にはやたら標識が多く、公共交通機関のバスは二時間に一本しかない。伊予平野は豊かなのか、集落の家々は立派で、屋根や塀の角には恵比寿様か鷲《わし》が鎮座している。

歩き始めて四時間あまり、壁一面に蔦《つた》の絡んだ洋館がある。鄙には稀な洒落《しゃれ》たレストラン、名前も「IVY」、蔦の意である。早い昼飯とする。扉を開けてびっくり、「どうして君がいるの?」と思った

サクラとアヤメ マンホール

日に4便 鄙のバス

家々の屋根に鬼睨む

ほど、当院外来の松崎澄子主任そっくりの色白美人がいる。すっかり気分が緩んで腰が重くなり、カレーだけのはずが、ラッキョを肴にビール。窓越しの霞《かすみ》のかかった内海の淡い青さが心地よい。

菊間町を通過。ここは瓦の町として名高いらしい。町中、瓦工場だらけで、いたるところで鬼瓦がこちらを睨んでいる。たまたま「錦松工房」という店に入ると、壺の上に乗った鼠が手招きしている。よく見ると、右手に打ち出の小槌、左手に団扇《うちわ》、足元の小判にのったかわいらしい鼠が、つぶらな瞳で小生を見つめている。伊予の風習で、年男・年女が縁起物としてその干支の置物を玄関に置くという。そこの主人に〝医者の鼠〟を注文する

伊予美人に巡り会う

と、そこの主人は「うーん」と頭をかしげていたが、後日、金色の聴診器をかけた少し太めの鼠を送ってくれた。

夕刻、疲労困憊、今治着。

この寺の名前、「えんめいじ」は、第五十三番札所の「円明寺」と同字同名だったので、明治時代に「延命寺」に変更したとのこと。

重い足を引きずって次の札所まで行くことにする。

五十三番目も円明寺

円明寺は今延命寺

鼠の医者はメタボ気味

第五十五番札所 南光坊《なんこうぼう》

さすがに遠かった。ここは神仏混淆《こんこう》の名残が濃厚で、瀬戸内海に浮かぶ村上水軍の氏神・大山祇《おおやまつみ》神社の別当寺であった。山門の仁王が睨んでいる。今治は焼き鳥で有名だが、今回は断念して帰路を急ぐ。来島《くるしま》海峡の架橋・しまなみ海道をバス、福山から新幹線で、深夜博多着。

（和）

水軍の寺南光坊

山門の仁王
我睨み

読経と礼拝
もうベテラン

まさかの船旅

［56番・泰山寺→59番・国分寺］

平成19年9月1日・土曜日

第五十六番札所　泰山寺《たいさんじ》

松山からＪＲで今治に向かう。松山発十四時十六分。今回は一泊二日の短期行程である。今治駅から第五十六番・泰山寺までは三十分くらいか。途中の今治西高校では応援団が太鼓の練習中。腹に響く大太鼓の音を後に道を急ぐ。

泰山寺は、本堂は昔のままらしいが、ほかの施設は新しく更新したばかりのように見える。参拝をしている途中で団体のお遍路が押し寄せ、急に境内が狭くなった。団体さんに押し出されるように寺を出て、門前の果物屋を冷やかしていると、店のおかみさんが今宵の宿に鈍川《にぶかわ》温泉はどうだと言う。名前は知らないが、温泉ならよかろうと即決。

「ミカド」と書くとナイトクラブの雰囲気だが、「美賀登」という名はやはり和風旅館の語感である。多少贅沢だが、久しぶりの温泉に二人ともすっかりリラックス、浴室は長い階段を下りた川沿いのガラス張り。唄を歌ったら、音が反響してえらくいい声に聞こえた。

夕飯の酒は地酒「雪雀《ゆきすずめ》」。これが適度の辛口でうまい。付いてくれた仲居さんを相手に、互いのいびきがうるさいとかなんとか言っていると、親切にも別に洋室を用意してくれるという。追加料金なしで不満のあろうはずがない。和室と洋室に別れ、いびきを気にせず熟睡した。

さあ一緒に開経偈

9月2日・日曜日

第五十七番札所 栄福寺《えいふくじ》

鈍川温泉から栄福寺への途中、田舎道に洒落た建物があり、今治市立玉川近代美術館となっている。こんなところに美術館があるのが不思議で、寄り道してみた。ここは地元玉川町出身の実業家で徳生忠常《とくせいただつね》という人物が建築し、収集品ごと市に寄付したものだという。シャガール、ピカソ、ゴーギャン、クレーなど有名どころの作品がずらりと展示されているのにびっくり。

美術館から先の道沿いは一面の田んぼである。

小高い丘の
栄福寺

あっと驚く
美術館

まだ頭を垂れていない稲、もう垂れてやがて刈り取りかと思われる稲など、田んぼによって育ち方がずいぶん違う。

栄福寺は山にへばりつくように建っていた。数棟のお堂が、正面の一段高いところにある本堂・大師堂と回廊で結ばれている。狭い境内にはそれらしい広場もなく、石段ばかりという感じである。しかし、建物の配置にはまとまりがあり、雰囲気はよい。無事参拝。

第五十八番札所 仙遊寺《せんゆうじ》

仙遊寺までは三キロ程度、たいした距離ではない。標高が結構あり、上り坂が続く。

この寺の売りは、なんといってもその境内から見る景色であろう。たどり着いてホッとしたところで眼に飛び込む景観は、今治市街はもちろん、瀬戸内海にしまなみ海道を望む。本四架橋らしき橋の向こうに広島県までよく見える。しかし、こうして見ると瀬戸内海は実に狭い。

稲穂の育ち個性あり

ほほえむ石仏遍路道

瀬戸を一望仙遊寺

第五十九番札所 国分寺《こくぶんじ》

国分寺までおよそ二時間、午後一時半着。田や畑を見ながらののんびりした田舎道からだんだんと街中に入り、最後はＪＲの線路沿いの県道を行く。さすがに県道は車の通行が多く、気をつけながら歩く。

実は今治には焼豚卵飯《やきぶたたまごめし》という名物料理があり、今治市民で知らぬ人はないそうだ。市内の定食屋では人気ナンバーワンだという。

焼き鳥は次回国分寺

墨書朱印乾燥器

青空へ向かうサルスベリ

昼食はぜひこれを賞味したいと思っていたが、ここまでの行程の遅れで時間がなくなり、次の機会に譲ることとなった。極めて心残りであるが、やむを得ない。

次の第六十番・横峰寺ははるかかなたの山の上。とても行く時間はないので、今回はここまでとした。

さて問題は帰路である。通常はJRで高松・岡山経由であるが、そんな大回りをせず、目の前の海の向こうの広島県に行こうとなった。本四架橋（西瀬戸自動車道）をバスで尾道ならば早いが、しまなみ海道を堪能するとなればやはり船でしょう、というわけで今治港に直行した。

ところが、意外なことに対岸の広島県に直行する船がなかったのだ。どうやら本四架橋ができてバスに客を取られ廃止になったらしい。残っているのは島から島への生活路線だけである。今更戻るのもおっくうだし、なんとかたどり着けないかと二人で時刻表と格闘の結果、今治から大三島、大三島で船を乗り換えて大崎上島、再び乗り換えて大崎下島、さらに乗り換えて豊島から上蒲刈島《かみかまがりじま》を経由して広島県呉市の仁方《にがた》着というコースを編み出した。

　これだけ各社の路線を乗り換えるとなると、ホントに対岸に着くかどうか、いささか心配になる。船が遅れて次便に間に合わず、途中どこかの小島で途方に暮れるなんてこともあり得る。その一方で、この船旅は面白そうでもある。「えーい、ままよ」とばかり乗船した。

島にも色町その昔

　このあたりは有名な村上水軍の本拠地でもある。点在する島々の影に船を隠し、戦の機をうかがって一気に攻めるには格好だと思われる。我々の船は港々に寄港しながら進むが、港の入口で合図の汽笛を何度か鳴

しまなみ海道船の旅

瀬戸の島々風情あり

船の待合い人まばら

らし、乗員が桟橋を凝視する。乗ろうとする客は手を振って合図するし、桟橋に誰も出てこなければ乗客がいないと判断、通過するというやり方で、船員も乗客も手慣れたものである。

船ではしまなみ海道の眺めを楽しみ、乗り換え港では待ち時間にそこらあたりを歩き回って港町の風情に浸るという具合に海路を存分に楽しんで無事仁方に到着、ＪＲで広島まで出て新幹線で戻ることができた。日本の交通機関の時間の正確さに乾杯！　（康）

台風、タクシー、ロープウェイ

[60番・横峰寺→71番・弥谷寺]

平成19年9月15日・土曜日

今回は、四国巡礼後半の難所、横峰寺と雲辺寺制覇の遍路である。

午前中の外来をどうにか切り上げ、福岡空港に直行、機上の人となる。松山空港から住友関連企業の城下町・新居浜へ。旧財閥の基盤をなした別子鉱山の立派な記念館、豪奢《ごうしゃ》な支配人宅を見て、その栄華を知る。

社会学習の後、まだまだ暑い秋の夕日を背に、少々ばてながらも、今宵の宿、伊予小松の第六十一番・香園寺の宿坊にたどり着いた。

第六十一番札所 香園寺《こうおんじ》

モダーンな建物のお寺さんである。ここは子安大師といい、安産、子育てにご利益がある。廊下に赤ちゃんの写真がズラッとかけてある。これは安産のお礼の写真だとのこと。

大同年間、九世紀の初めのころ、弘法大師がたまたま難産で苦しんでいる妊婦に出会い、

赤子の写真がうめつくす

心の栄養精進料理

梅檀《せんだん》の香を焚いて祈禱をすると、玉のような男子が生まれたという、そして大師は唐から持参した大日如来の像を本尊とするお寺を建立し、現在に至るまで子安の大師さんと崇《あが》められている、と夜の勤行のとき、講釈を受ける。

　食堂で精進料理をいただく。

さすがに台風到来直前の今日のような日は泊まりの遍路客は少なく、我々を含め中高年五人であった。玉葱のてんぷら、吸い物がうまい。まだ雨は降っていないが、風が強くなってきた。寺守は、横峰寺への歩き遍路の山道は荒れているから大雨のときはやめろと言う。

9月16日・日曜日

　早朝、窓ガラスを打つ雨音で目が覚めた。暗い。台風の余波で、風はそう強くないが、かなり雨脚が強い。ラジオは雨台風と言っている。横峰山から流れ出る小川はかなり増量し、濁流になっている。まずは伊予街道沿いに連なる第六十二番・宝寿寺、第六十三番・吉祥寺を参拝することにして、山寺の横峰寺は後回し、雨が小ぶりになるのを待つことにする。すでにズボンと靴はじゅくじゅくである。

第六十二番札所 宝寿寺《ほうじゅじ》

伊予一の宮で、災害で破損、移転、廃仏毀釈で廃寺など、数奇な歴史を持つお寺さんら

霧立ちこめる伊予の山

古い町並宝寿寺へ

滑る足元山の道

境内は遍路もまばら

吉祥寺に咲く芙蓉

お地蔵さまもぬれそぼち

しいが、雨足強く、先を急ぐ。

第六十三番札所 吉祥寺《きっしょうじ》

農家の信仰が厚いお寺さんと聞くが、あまり特色がなく、納経所の垣根に咲くピンクの芙蓉の花が印象的であった。

第六十番札所　横峰寺《よこみねじ》

雨はやむ気配なし。横峰寺をどうするか、歩きか、車か、今回はキャンセルか。国道沿いのコンビニで雨宿り。缶コーヒーを飲みながら、この重要課題を鳩首《きゅうしゅ》協議。店の外の雨はさらに強くなる。本降りのようである。この地は福岡から遠く、いつ来れるかわからない。過疎地の路線バスは当分来ない。すなわちタクシーで登山とする。車窓からの風景はかなりの深山の様相で、山道の高度が増すにつれ霧は深くなり、雨は土砂降りとなる。

豪雨で断念山遍路

「お客さん、これでは歩きは絶対だめです。登山道はこれでは小川でしょうや。危険だし、これだけ降ると気温も下がるし、びしょ濡れで体温も下がって、これは自殺行為ですよ」

確かに山道の横の渓流は滝の如く流れている。雨に濡れた体には車の暖房が快く、うとうと寝入っていたら、いつの間にか、お寺さんの駐車場に着いていた。

横峰寺は石槌神社の別当寺であり典型的な神仏混淆

妖気漂う横峰寺

のお寺で、お稲荷さんをはじめさまざまな神々が鎮座している。欝蒼たる樹木と濃霧で昼なのに薄暗く、結構寒い。その中に赤い鳥居がボーッと見える光景は、なにか妖気が漂っている。雨に打たれながら参詣し、そそくさと車に戻ると、運転手さんが甘酒を用意してくれていた。

「お接待です」。このタクシーの運転手は善人の鑑《かがみ》みたいな人であった。

第六十四番札所 前神寺《まえがみじ》

昼過ぎ、ふもとに戻る。雨に打たれながら伊予街道沿いをとぼとぼ歩く。時々、通る車が水溜りの雨水を無慈悲に浴びせかける。歩道がなくて、特に雨の日、歩くに危ないところが多い。若干、腹が立ってくる。もう少し整備しないとユネスコの世界遺産へはまだまだ無理である。

前神寺に着いたとたん、またまた運悪く雨脚が強くなる。さすがに境内にはお遍路はいない。我々だけである。湿って蠟燭にも線香にも火がつかない。また納経所の若造の態度が横柄で、この豪雨の中、健気にも歩き遍路をしている還暦直前の前期高齢者に向かって、雨具姿で中に入るなと冷たい対応。一円も賽銭を出さんし、納経料も戻せとのどまで出かかったが、これも修行、ぐっと飲み込んで我慢、遅い昼飯ということにする。

すると、探すも食堂がない。あるのはJR石鎚山という無人駅の自動販売機のみ。いよいよ臨界点を超え、歩行は中止、缶コーヒー片手に鈍行列車の人となる。甘いカフェオレがうまい、胃に滲みる。

大雨修行の前神寺

第六十五番札所　三角寺《さんかくじ》

夕刻、車中でうとうとしていたら川之江市に着いた。雨の中、今日はここもタクシーで参詣。町から結構遠かった。

境内の桜の古木に、一茶の歌碑がある。

これでこそ登りかひあり山桜

一茶は、寛政年間、西国を吟行した。自然を詠んだ句が多い。

鳥と共に人間くぐる桜哉　観音寺
元旦やさらに旅宿とおもほへず　道後
寝ころんで蝶泊らせる外湯哉　琴平
おんひらひら蝶も金ぴら参り哉

夕闇迫るころ、観音寺に着いた。駅前のこぎれいなビジネスホテル、「サニーイン」へ投宿。日本のビジネスホテルはインターネットからユニット風呂まで、いろいろな機能を狭い部屋に上手に組み立てているのに感心する。おまけに低額で、温泉大浴場、かつ朝飯まで付いている。ここで充分生活もできそうだ。これは日本で進化した一つの文化であると再認識。

ホテルの人が薦めた近くの「文ちゃん」という居酒屋へ行く。大繁盛。なにしろメニューが多く安い。瀬戸内海の小魚のフライがビールの肴によく合う。甘い地酒もうまい。帰路、鄙にしては都会の香りがする「テネシー」というショットバーでバーボンの水割りを飲みながら、青春時代、上京するとよく行った、相棒の行きつけの巣鴨《すがも》の安スナックの話になる。お店のママの妹がとてもかわいかった。相棒の茗荷谷《みょうがだに》の狭い下宿近くの「ダンボ」という食堂のカツランチもうまかった。過ぎ去った若かりしころが本当に懐かしい。

一茶も詣でた三角寺

讃岐の朝食汁うどん

瀬戸の小魚これまた旨し

9月17日・月曜日

打って変わって快晴。観音寺周辺は札所がてんこ盛り、早々に出立。

香川はうどんの本場。全食、讃岐うどんを賞味予定。「岩田屋製麺所」で朝食。製麺所の片隅の机で素うどん、これが、腰があってうまい。一杯百円。まず市内の札所から雲辺寺まで逆打ちとする。

二つのお寺に一つの山門

二つのお寺が仲良く並ぶ

モダーンなお堂観音寺

第六十八番札所 **神恵院** じんねいん 第六十九番札所 **観音寺** かんおんじ

琴弾山《ことひきざん》の緑滴る広葉樹林を背に、二つの札所が同じ境内に並んでいる。グリコのキャラメルと同じ、一粒で二度おいしく、得をしたような気分になる。参拝の後は琴弾山頂から、燧灘《ひうちなだ》に接する有明浜の松林の中に砂で造られた巨大な寛永通宝「銭形」というらしい、を眺める。

第七十番札所　本山寺《もとやまじ》

女心と秋の空、雨上がりのそよ風が快い。結構強い日差しを浴びながら、観音寺平野を財田川《さいたがわ》に沿って歩く。だんだん穂先が重くなり、頭を傾《かし》げ出した稲田が続く。また関西という一大消費地を控えているせいか、野菜畑やビニールハウスも多い。

遠い山の端には鰯雲《いわしぐも》、やはり着実に季節は変わり、秋到来である。

五重塔が見えてくる。一瞬、明治か江戸かと錯覚するような屋並みの集落の中の大きな

秋の日差しは意外に強し

あと一息で本山寺

五重の塔に鰯雲

稲穂が揺れる大興寺

お寺であった。しかし、人に圧迫感を感じさせない、おっとりとした雰囲気のお寺さんであった。

第六十七番札所　大興寺《だいこうじ》

のどかな田園地帯を歩き、道は少し上り勾配になり、雲辺寺山に続く尾根のふもとの大興寺に着く。この地域の檀家寺の風情である。

第六十六番札所　雲辺寺《うんぺんじ》

昼過ぎ雲辺寺のふもとに着く。登り口の「六六亭」という蕎麦屋でまず遅い昼飯。そこの人の良さそうなおばさんがしきりと故郷の祖谷蕎麦を薦めるので、讃岐うどんではなく、ざる蕎麦を食す。太い麺、これが結構うまい。秘境・祖谷渓の蕗《ふき》の漬け物と蕎麦味噌を肴にビールを飲む。この昼のビールがまたまたうまい。いい気分になって外に出ると、目の前に聳《そび》える雲辺寺山がヨーロッパアルプスのアイガー峰北壁に見える。

「登山道だったらどれぐらいかかるの？」

「そうね、二時間半かな。ロープウェイだったら十五分だよ、それに楽だし」

聞いた相手がロープウェイの窓口の井上和子似のかわいい女性職員だったのが間違い、足に頼る気は霧散、君子豹変、空中を浮遊する。確かに文明の利器は楽であった。

雲辺寺は想像していた枯れた山寺ではなく、コンクリート造りの近代的なお寺さんで、あまりありがた味がない。境内に五百羅漢の石像が並んでいる。中国製の石像のさまざまな表情が面白かった。

中国製の五百羅漢

うどんのかわりに
祖谷の蕎麦

山肌走る
ロープーウェイ

第七十一番札所 弥谷寺《いやだにじ》

夕刻、五時ぎりぎりに、多度津に近い弥谷寺に滑り込む。霊気漂う岩山の寺である。鬱蒼たる古樹の中の急な石段を登る。弘法大師は幼少期、この山寺の洞窟で学業に励み、修行したという。

すっかり日が暮れて、多度津港着。港の近くの「坂本製麺所」でおろしぶっかけに海老天のトッピングを賞味。そろいのバンダナ、黒いTシャツ姿の若いスタッフが忙しい。醤油をかけた刻み葱を肴に、またまた旅の終わりのビールがうまい。

多度津から広島県の福山まで夜の瀬戸内海を渡り、福山から新幹線最終便で深夜博多にたどり着いた。

今回は主眼の横峰寺、雲辺寺に自分の足で到達できず、敵前逃亡したようで、心残りの旅であった。いつの日か、再挑戦とする。

（和）

岩窟の寺弥谷寺

ひっそりと佇む野の仏

涅槃の道場

讃岐の国・香川、
そして中国へ

山
小豆島
高松
84
85
86
87
88
徳島
歩き
鉄道

香川県

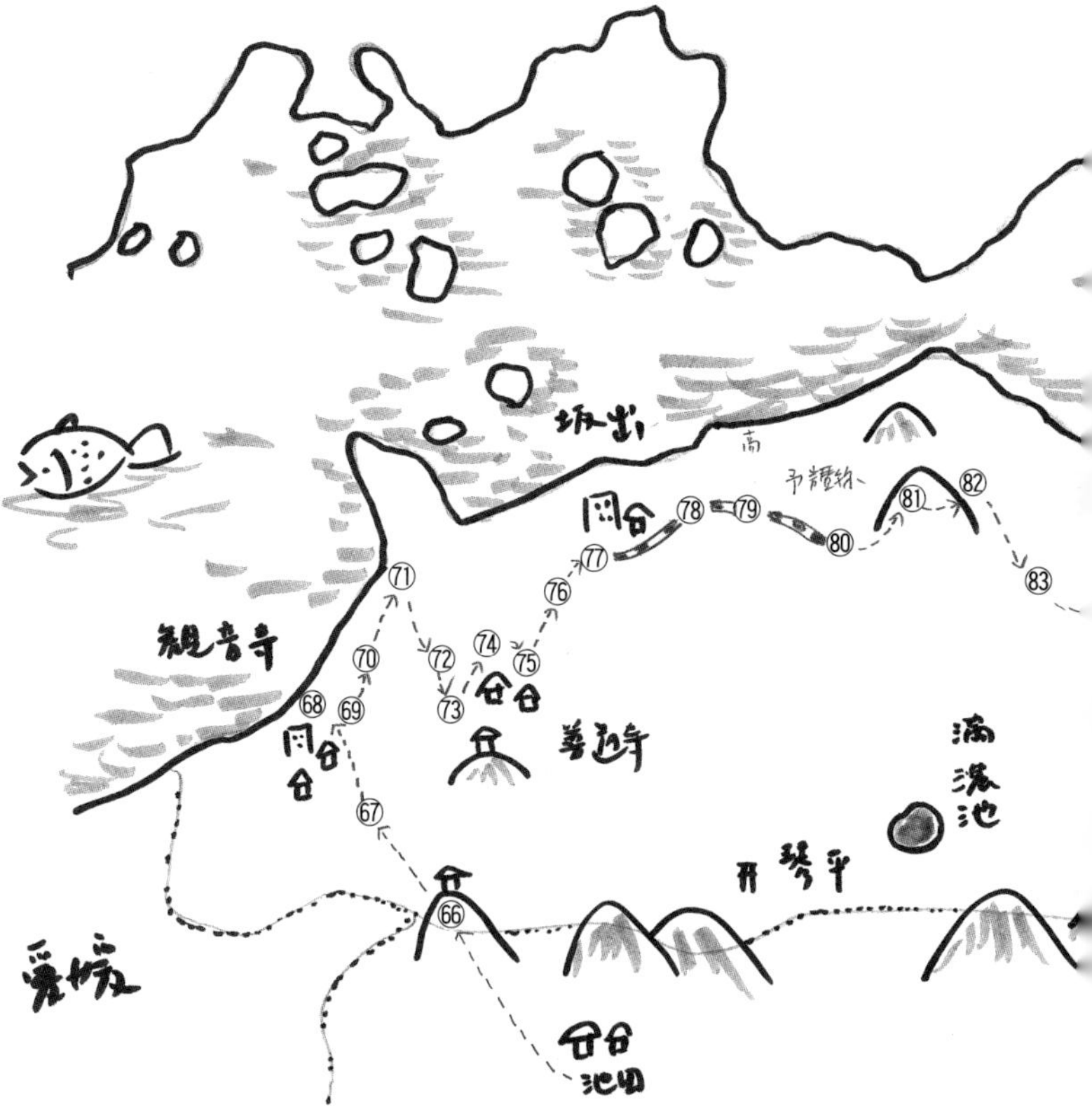

67 大興寺
68 神恵院
69 観音寺
70 本山寺
71 弥谷寺
72 曼荼羅寺
73 出釈迦寺
74 甲山寺
75 善通寺
76 金倉寺
77 道隆寺
78 郷照寺
79 天皇寺
80 國分寺
81 白峯寺
82 根香寺
83 一宮寺
84 屋島寺
85 八栗寺
86 志度寺
87 長尾寺
88 大窪寺

いざ、空海生誕の地へ

［72番・曼荼羅寺→75番・善通寺］

…………平成20年4月19日・土曜日

今回は同期の清水君も同行しての三人連れ。有名な金比羅宮にも詣でる予定で、午後早めの新幹線で行くつもりが、間際になってドタバタし、結局一時間遅れでの出発となった。琴平に到着し、金比羅宮に一応向かうが、出発の遅れが響き、途中で日没サスペンディッド。要するに本日は単に琴平のホテルに泊まっただけ、金比羅さんは翌日回しとなった。

…………4月20日・日曜日

金比羅宮は山号を象頭山《ぞうずさん》というが、平地から望む琴平山は形が象の頭のように見える。それが由来だそうだが、昔の人は象を見たことがあったのだろうか。

山頂までの石段を駕籠《かご》で登るのは有名だが、小柄な女性ならともかく、メタボ気味のおじさんたちとしては駕籠かきに断られそうで遠慮せざるを得ない。石段の両側にはずらりと土産物屋が並び、客の呼び込みに余念がない。唄にまでなったお宮だけあって、境内は広く、建物は格式を感じさせる造りであった。時間もないので急ぎ参拝。

今回の順路は第七十二番・曼荼羅寺からだが、道順の関係で先に第七十三番・出釈迦寺に向かう。途中立ち寄った満濃池《まんのういけ》は空海が灌漑《かんがい》用に改修したといわれているが、予想をはるかに超える広さに驚いた。これはもう池というよりダム湖である。地元の人の話では、池を堰き止めているのは空海考案のアーチ式堤防だそうだ。空海は土木技術者としても超

ちょっと寄り道金比羅さん

長い石段
本殿へ

讃岐はやっぱり
かけうどん

一流だったのだろうか。

第七十三番札所　出釈迦寺《しゅっしゃかじ》

出釈迦寺は境内は狭いが、たたずまいは悪くない寺であった。納経所で朱印をもらっているると、今日は奥の院まで無料バスが出るという。普段は有料とのことで、それならばと行ってみることにした。

遍路の寺にはかなりの数奥の院がある。いずれも本院から離れた険しいところにあり、ここまで参拝する遍路は少ない。我々も行ったことはない。しかしそれだけに、観光化していない本来の修行場の雰囲気が残っていそうである。

我々が乗ったマイクロバスはつづら折りの急な道をあえぎながら登り、正面の断崖に突っ込むようにして折り返す。そのたびに肝を冷やしているうちになんとか到着した。着いてびっくり、駐車場から奥の院まで真新しい舗装路と真っ白な塀が続いている。山中にひっそり建つというイメージは見事に覆された。やはりバスが行くような奥の院はこうなる宿命か。

舗装こそしてあるが登るのがやっとという急坂を、息を切らせながら手すりにすがりつくように登り、参拝を終える。前を行く人が奥にどんどん進んでいくので、つられて歩い

瀬戸内海を一望に

天女助けし真魚の身を

大師身投げし出釈迦寺

ていた。やがてまた登りになり、気がつくと岩山をよじ登る状態になっている。振り返ると相棒たちもいない。

ここは、幼名を真魚と名乗っていた当時七歳の空海が、自分は仏門に入る値打ちのある人間かどうかを試そうと、この山の頂上から身を投げたところ、天使が現れて抱きとめ地上に降ろした、という言い伝えがあり、そこから捨身《しゃしん》が岳《だけ》という名がついている場所である。降りてくる人に聞いてみると、身を投げたその場所がすぐそこだという。

狭い山頂奥の院

行こか戻ろか思案しているちょうどそのとき、相棒から携帯電話。なんと下ではもう皆そろって帰りのバスも出るという。間に合わない。やむなく一人残って次のバスで戻ることで決着。そのまま登って身投げの場所まで行ってみたら、眺めはいいがまさに断崖絶壁、足がすくむようなところだ。ここから飛び降りたら天使が出てきてバスまで下ろしてくれるだろうかなどと思いはしたが、実行する勇気はとてもなかった。

第七十二番札所　曼荼羅寺《まんだらじ》

曼荼羅寺までは歩きでもごく近い。先に行った相棒たちに追いつくべく早足で歩く。道沿いは麦畑で、たわわに実った麦の穂が風に揺れている。周りの開けたところに曼荼羅寺の山門があった。山門の向こう正面に本堂が見える。こちらもさほど大きなお寺ではない。ここで無事に合流、七十四番に向かう。

第七十四番札所　甲山寺《こうやまじ》

甲山寺までおよそ三キロか。県道を、車を気にしながら歩く。先ほどの捨身が岳を降りるとき、岩場に足を取られて転びそうになり、なんとか立て直したが、はずみで膝を痛めたらしく、かばいながら歩く。

甲山寺は外壁や境内の舗装などの改修工事がほぼ出来上がったところであった。本堂や

遍路で満員曼荼羅寺

讃岐の田舎をてくてくと

ちょっと一服甲山寺

大師堂は古刹の趣があるのに、境内を取り囲む塀は真っさらで、見た目にもいささかバランスを欠く。なじむにはそれなりの時間を要するのだろう。

第七十五番札所 善通寺 ぜんつうじ

甲山寺から善通寺までは一キロもない。こういう具合にお寺がまとまってくれていると歩き遍路もはかどる。

善通寺は今まで回った札所の中でも別格と思わせるほどの大伽藍であった。それもそのはず、ここは弘法大師・空海の生まれたところだという。いわば四国札所の総本山といってもよかろう。山門から広い境内を参道が貫き、道沿いには露店が並んでいる。大師堂は金堂を凌駕する大きさで御影堂と称し、むしろこちらが本堂である。五重塔まで備えた大寺であった。弘法大師入唐中の師・恵果《けいか》が住していた青龍寺を模した伽藍配置だという。謹んで参拝。

秋の夕暮れ善通寺

遍路も数をこなしてきて、残り十三寺となった。残り少なくなって先が見えてくると、終わってしまうのがなんだか惜しい気になってくる。始めたころは、こんな調子で回っていたら、終わるのはいつのことやらと思っていたが、塵も積もればのたとえどおり、ここまでたどり着いた。今までがそうでなかったとは言わないが、これからは一つひとつの札所を大切に回りたいものだと思う。（康）

木の回廊が本尊へ

弘法大師の生誕地

締めのビールがまた旨い

寄り道

祖谷渓

平成20年7月19日・土曜日

鬱陶しい梅雨の長雨である。

そんなある日、病院の給食を委託している栄食フードの担当者・藤村一弥君が来て言う。彼は祖谷渓が里だそうで、「四国を巡ってるんでしょう。祖谷渓にもぜひ寄ってくださいよ。自然がたっぷりです。山の幸もうまいですよ！」。

その一言で、突然、遍路に行くことに決定する。

九月の遍路では、雨にたたられて横峰山はタクシー、雲辺寺岳は不覚にも誘惑に負けてロープウェイを利用した。血液型A型の特徴、執着気質の小生は、両山を自分の足で踏破できなかったため、どうも心理的に消化不良、忸怩《じくじ》たる気分であった。

土讃線大歩危駅

相棒と居酒屋で作戦会議を開催、今回は、日本三大秘境の祖谷渓と剣山を巡って、香川と徳島の県境にある雲辺寺岳を徳島側から登るという壮大なルートとした。

還暦目前、初老期のうつ状態対策でもある。

いつものとおり、午前の外来を終わるや否や、新幹線、宇野線、瀬戸大橋線、土讃《どさん》線と乗り継いで、夕刻、秘境・祖谷渓の入口、土讃線・大歩危《おおぼけ》駅に降り立つ。博多から四国山地の山中まで約四時間しかかからない。便利過ぎる時代である。切り立った峡谷を縫うように走る車窓からの名勝、大歩危・小歩危《こぼけ》の渓谷美は見事であった。

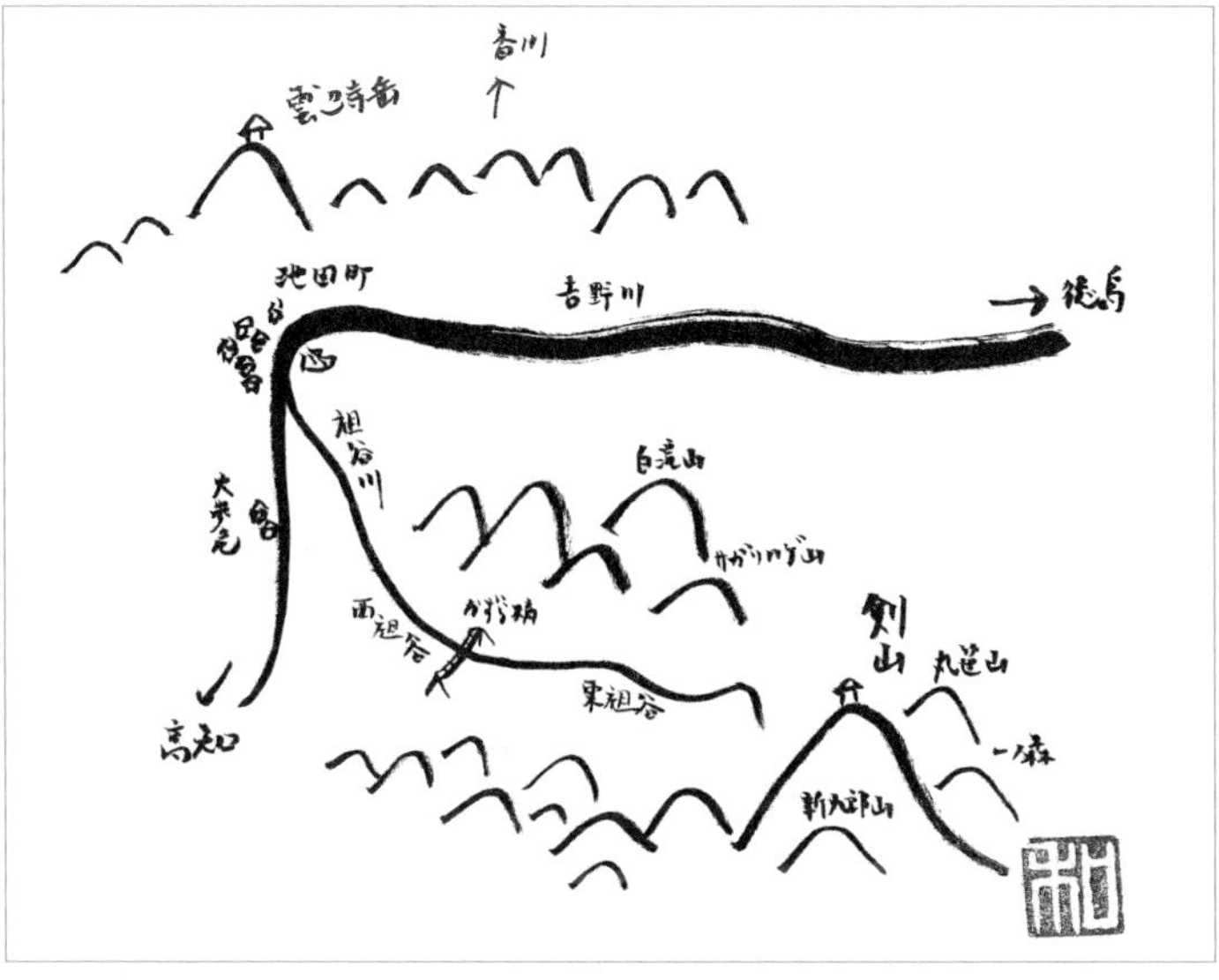

大歩危駅は本当に山の中である。空気もひんやり、ひぐらしがすさまじい。

昔はここから一日かけて越さなければならなかった峠の長いトンネルを抜けると、西祖谷の中心、その名も「山村」であった。「秘境の湯」という温泉宿に投宿し、まずは露天風呂につかりながら山の端《は》に沈む夕日をめでる。

夕食は、鄙のメニューでうまかった。まずは囲炉裏端というしつらえがよい。阿波の蕎麦米雑炊で始まり、刺身、塩焼きに天ぷらの鮎尽くし。メインは味噌仕立ての猪豚鍋。鍋に浮かぶ脇役のコンニャクとゴボウは特にうまかった。地産地消である。若い従業員の方々のこぼれるような笑顔がまたよい。食前酒の山桃ワイン、ビールも、言わずもがな快い。

やはり、男性更年期対策には旅枕での酒が特効薬である。

いつもの如くまずビール

猪豚鍋に山桃ワイン

日暮しが迎える祖谷の秘境の湯
日々の憂さ秘湯に流して山の宿

7月20日・日曜日

日頃の行いがよいせいか、雲一つない晴天。

祖谷渓を西から東へ遡り、その源流の剣山へ向かう。さすが祖谷渓は、谷が深い。急流は山をえぐり、眼下に遠く谷底が見える。鬱蒼たる原始森はさらに深い。人類の安易な進入を拒絶する荒々しい自然の凄味がある。その断崖絶壁にへばり付くように羊腸の道が続く。

明治時代、この道を造るために私財をなげうった村長さんがいたという。途中、見晴らしのいい崖の突端に小便小僧の像があり、谷底めがけて放尿している。彼に倣い、立ち小便。しかし、さすがに、足がすくんで小水は出なかった。

絶壁上の小便小僧

碧い青空白い雲

それにしても、山が深い。谷が深い。
突然、前頭葉に、高校時代の漢詩がフラッシュバックした。

鹿柴《ろくさい》　王維

空山不見人
但聞人語響
返景入深林
復照青苔上

空山　人を見ず
但《た》だ人語の響くを聞く
返景　深林に入り
復《ま》た照らす　青苔《せいたい》の上

祖谷渓は先祖に平家の落人《おちうど》が多いという。確かに、ここに人が住めるのかと思う奥地にひっそりと立派な屋形が点在する。平家再興の旗が家宝という屋敷もある。また祖谷美人といって、美人の産地だという。そういう目で見ると、この鄙に住む人たちが、なにかしら雅《みやび》な顔立ちに見えてくる。などと相棒と世情を観察するうちに祖

祖谷にはいくつもかずら橋

谷渓のシンボル、あの有名なかずら橋に着く。

この人の多さはなんだろうか。箸崎宮の放生会《ほうじようえ》状態である。駐車場はいっぱい、屋台が林立し、林檎飴から、烏賊《いか》の串焼き、ウルトラマンの風船人形まで、所狭しと並んでいる。

かずら橋は渡るのに渋滞で三十分待ちのため棄権。立ち並ぶ呼び込みに誘われて入った茶屋の冷え冷えのところてんが、思いのほかうまい。つーんと鼻をつくマスタードとの相性がまたよい。ついでにタコ焼きを肴に昼のビール、これがまたまたうまかった。

ほろ酔い気分で、剣岳のふもと「見の越」に着く。

山頂から東に徳島市街、紀伊半島、南に太平洋、西に石槌岳、北に瀬戸内海が見えるというが、あいにく少し霞んで、遠望できず。山名のいわれは、やはり平家伝説で、平家の残党がお家再興のために剣を山頂に埋めたという。その剣にちなんで、山頂近くの神社は世界最強の

縁切りの剣神社

縁切りのお守りを売っている。登山道を覆うように繁茂するコメツツジの白い花が愛らしい。山の緑が眼に快い。オゾンがうまい。

かずら橋喉に涼しきところてん
山覆う白いつつじのいとおしき

一日で祖谷渓を往復する強行軍をこなし、夕刻、四国のへそ・阿波池田に到着。明日はここから雲辺寺岳に挑む予定。

駅前のビジネスホテル「ヤマシロ」に到着。この夏の暑さに物憂げなおかみに紹介された居酒屋「漁かつ」で夕食。ここも駅前商店街はシャッター街道、そこにポツンと生き残ったこの居酒屋だけはお客が多い。

このあたりは昔からタバコ農家が多かった、タバコが世界的に目の敵《かたき》になるという環境変化で、その作付けが

全山覆うコメツツジ

可憐で高貴な山あざみ

極端に減り、あげくにＪＴの工場が撤退してしまった、そしてご覧のとおり町全体が衰亡した、あの野球で有名だった母校・池田高校も弱くなった、と、熱狂的な高校野球狂でトラファンの大将は世を慨嘆する。この地方経済の疲弊は全国津々浦々、共通である。

それはさておき、キュウリが清冽、トマトが甘い。ミズナのサラダの喉越しがよい。なぜか脂が乗った冷凍サンマの開きが、むやみに冷たい阿波のカボス酒に合う。帰り道、スーパーで買ったサクランボとナメタケを肴に、ホテルでビールを片手に反省会。

団塊の世代は缶詰のサクランボに強い執着がある。今となっては遠い過去、半世紀前の小学生のころのトラウマによる。学期の最終日の給食はいつもアンミツだった。その大きな給食用バケツの中に数個、サクランボが入っていて、いかに配分するかが級長の最終業務であった。その配分決定のじゃんけんが激しいバトルであった。勝

シャッター街道
池田の町

者がうまそうなサクランボを食するのを、うらやましく眺めていた記憶がある。ために、たまにスーパーに行ったりすると、団塊の世代は思わずサクランボの缶詰を買ってしまうのである。

過去は甘い。思わぬ回想をしつつ、いつしか爆睡。

還暦を遍路の宿で迎えけり

7月21日・月曜日

早暁《そうぎょう》、宿を出立、今日も快晴の由。もともと雲辺寺岳は徳島県内にあり、香川県側にロープウェイが出来るまでは、徳島県の池田側からの山道が本来の遍路道だったそうである。

たばこ畑を眼下に、蜜柑林を抜けながら、広葉樹林に入る。道はだんだん勾配がきつくなる。朝早いのに、日差しは結構強く、汗みどろになる。ジグザグに山肌をたどり、昼前には山門を抜け、山頂の雲辺寺に到着。思っ

蜜柑畑を雲辺寺へ

夏の日差しもこころよし

たほど疲労感はなく、若干拍子抜けで、達成感なし。

鉄筋コンクリート造りの立派な雲辺寺は、苔むした山寺の風情はまったくなし。前回同様、あまりありがた味を感じさせない。また、夏は遍路のシーズンオフ。ほとんど参拝客もいない。社務所の横の狸と一緒に所在証明の記念撮影。境内いっぱいに立ち並ぶ中国製の五百羅漢の表情とアクションが、日本的でないのが面白かった。

わざわざ雲辺寺を踏破し、意気込んで前回の借りを返したつもりであったが、もう一つ達成感がない。ぶつぶつ言いながら、山を下り、ロープウェイのふもと駅の祖谷蕎麦の店「六六庵」を再訪。すると、東祖谷が里だと言っていたそこの女主人のばあさんが、我々を覚えていてくれて、「祖谷渓、剣山にいって、そして池田から登ってきた」といったら、「それは、まあ！」と、ビールでお接待してくれた。その笑顔に感激した。

(和)

ワカメと山菜名コンビ

六六庵で
また祖谷の蕎麦

還暦に無理は禁物

［76番・金倉寺↓80番・国分寺］

平成20年7月21日・月曜日

真夏の昼下がり、雲辺寺岳から降りてきて、「六六庵」で祖谷の蕎麦味噌と山菜を肴に、ギンギンに冷えたビールのお接待を受ける。まだ福岡に帰るには時間的に早すぎる、また来るには香川は遠い、この際、回るお寺を少し稼いでおこう、と衆議一決、第七十六番・金倉寺に向かう。

第七十六番札所　金倉寺《こんぞうじ》

予讃線から土讃線に乗り継ぎ、ちょうど酔いが醒めたころ、お寺と同名の金倉寺駅下車、お寺は駅の目の前にあった。田園地帯、田舎の檀家寺の風情である。

創建は宝亀五（七七四）年と古く、かなり立派なお寺さんらしいが、あまり特徴がない。日露戦争の英雄・乃木希典将軍が善通寺第十一師団長のとき、この寺を住まいにしていた、と案内板に書いてある。

第七十七番札所 道隆寺《どうりゅうじ》

昔は陸軍、今は陸上自衛隊駐屯地の横を抜け、炎天下、ひまわり満開、青い稲穂が揺れる田園地帯の国道を歩く。ほとんど歩行者、自転車とすれ違わない。確かにこのくそ暑い中、灼熱の太陽の下を歩くのは難儀なことである。遠くに入道雲、青い稲穂が揺れる田んぼ道、脱水症気味で歩くこと四十分、道隆寺到着。閑散として参拝客はまばら、やはり、

将軍のお宿金倉寺

ひまわりが歩き遍路をお見送り

遙かに遠く讃岐富士

夏はお遍路のシーズンオフである。

　ここの本尊は薬師如来。眼病にご利益あり。「眼なおし薬師様」として有名だそうである。その昔、丸亀京極藩の重臣・京極左馬造は幼小時盲目であったが、ここの本尊に祈願すると全快したことから、眼科の御典医となり、「我魂魄《こんぱく》を道隆寺に留め世人を救わん」と誓ったという。医師の鏡である。小生も少しは見習って、残された日々を医道に精進することにする。

　また、社会学的にお遍路を考察すると、四国遍路の寺の御本尊には薬師如来が一番多い。そして眼病平癒の祈願または利益とするお寺さんが多い。それは昔、眼病に悩む人が多かった証左であろう。

医師の鏡の道隆寺

第七十八番札所　郷照寺《ごうしょうじ》

還暦には無理は禁物。坂出《さかいで》市周辺のお寺さんは、予讃線を利用して参ることにする。

讃岐は古来仏教先進地域であったらしく、古いお寺さんが多い。ここも神亀二（七二五）年、行基の草創と長い歴史を持つ。遠く瀬戸大橋を望み、伽藍の軒先を渉る昼下がりの風が快い。

第七十九番札所　天皇寺《てんのうじ》

予讃線八十場《やそば》駅近くにこの寺がある。保元元（一一五六）年、保元の乱に敗れて讃岐に配流され、この地で崩御した崇徳上皇を祀るために崇徳天皇社が設けられ、このお寺はその神宮寺となり、天皇ゆかりの寺ということで天皇寺と言われるようになった、と、ものの

瀬戸を一望郷照寺

天皇ゆかりの天皇寺

の本には書いてあるが、さっぱり関係がわからない。一瞬、神社かと思うような、典型的な神仏習合のお寺さんであった。

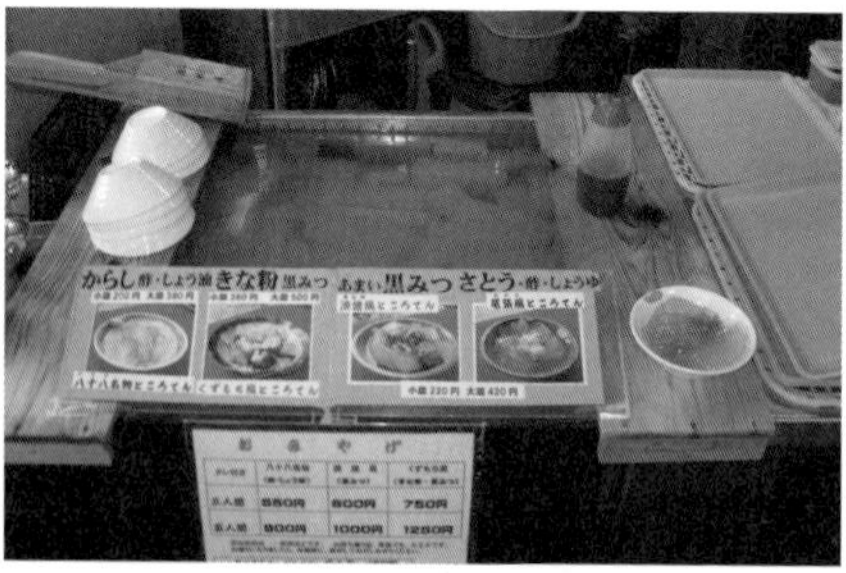

夏の遍路にところてん

第八十番札所　国分寺《こくぶんじ》

夕刻、たどり着く。なかなかいいお寺さんである。その名のとおり讃岐の国分寺で、広い境内には、本堂など大きな伽藍が悠然と点在している。欝蒼たる巨木と古い社寺の取り合わせがいい。この泰然とした落ち着きが快い。天平十三（七四一）年建立以来、千年余、この風景が続いているのであろう。人の心に内在するスピリチュアリティが感応し、自然と頭が下がる。快い疲労感とともに、今回の打ち止めである。

予讃線国分駅のベンチで鈍行列車を待つ。高松から備前岡山、伊予松山へ向かう特急、快速が通過していく。国分寺の後ろに控える山塊・五色台に映える夕日が眩しい。寺の伽藍のシルエットが墨絵のようだ。メタボ対策、カテキン入りのウーロン茶を飲む。頬をなでる夕刻の微風が気持ちいい。

この遍路、巡った町々はどこも、街中にも街道にも人影がない。遊んでいる子供、その歓声もない。この暑さのせいだけだろうか。日本国中、老齢化、少子化が進み、活性のない衰退社会になりつつある。

讃岐である。もちろん、坂出駅前の「亀城庵」といううどん屋でぶっかけうどんの夕食後、予讃線、瀬戸大橋線、宇野線、新幹線を乗り継いで、深夜、博多着。（和）

讃岐一の宮
国分寺

今日最後の
開経偈

今夜もやっぱり
讃岐うどん

ここから先は歩くべし

［81番・白峯寺→86番・志度寺］

平成20年9月14日・日曜日

第八十一番札所　白峯寺《しろみねじ》

朝八時ホテル発、第八十一番札所の白峯寺をめざす。今回は八十一番から八十六番までを予定している。お遍路の旅も残り少なくなり、早く結願《けちがん》したいと思う一方、終わるのが惜しいという気持ちもある。

白峯寺の珍しい形の山門から見ると、奥の正面にお堂が見える。本堂かと思ったらそうではなく、本堂、大師堂はその先の階段を上ったところであった。聞けば、平安時代に保元の乱を首謀したといわれる悲運の主人公・崇徳天皇が流罪になった先がこの寺で、ここには憤死した崇徳天皇の陵があるという。

お寺には神社同様、参拝用の鈴、鰐口《わにぐち》がつられているところが多い。ここにもそれがあった。参拝中の相棒はこの鈴を鳴らそうとして、強く引っ張った拍子に跳ねた鈴緒の先が股間を強打。痛みに七転八倒するのを眺めながら必死で笑いをこらえたが、これも崇徳天皇のたたりだろうか。

第八十二番札所 根香寺《ねごろじ》

白峯寺の門を出てあたりを見回し、歩き遍路用の目印を探す。見慣れた形の小さなシールが左を指して貼ってあるのを見つけ、その方向に歩き出す。第八十二番・根香寺までは

流罪の寺白峯寺

あえぎあえぎて山登る

およそ四キロ。大した距離ではないが、道中はずっと山の中を歩かねばならない。

しばらく歩くと、小さな祠のようなものがあり、横の石碑に「下乗」と大きく書いてある。寄ってみると説明板があり、中にあるのは摩尼輪塔《まにりんとう》という石の塔で、鎌倉時代に建てられたという。摩尼輪とは仏教の修行の最終段階の一つとのこと。すなわち、遍路も最終段階であるから、ここから先は何人といえども乗物から降りて、歩いて参拝すべしということであった。こういうものがあるということは、昔のお遍路にも馬や駕籠《かご》で楽して参拝

鬼の群像怪奇なり

空に向かって花開く

秋風一過花そよぐ

緑したたる寺の内

派がいたのだろうと親しみがわく。しかし、ここから先は歩けといっても、最後の八十八番までまだ数十キロはある。「下乗」にはいささか早すぎはしないか。

根香寺は趣のある寺であった。山門をくぐると階段を下り、先のほうで再び上る。つまり窪んでいるのだが、左右からカエデが迫り、緑が濃い。紅葉のころはさぞかしと思う。あたりは静寂に包まれ、清涼感と相まって気持ちが落ち着く。本堂の周りが回廊になっており、参拝のあと薄暗い中に入ってみると、三万三千三百三十三体あるという小さな観世音菩薩がずらりと並んで迎えてくれた。

観世音の寺根来寺

第八十三番札所 一宮寺《いちのみやじ》

一宮寺までは約一五キロ、三時間はかかるだろう。街中にあるようなので、根香寺から山道を降り、だんだん町に近づくことになる。

根香寺で参拝後の休憩をとっていると、一人

人生相談遍路道

同行四人一宮寺

の青年が話しかけてきた。遍路談義をしているうちに、一緒に回ってもいいかという。旅は道づれ、話し相手にもなり大歓迎である。彼、S君は信州大学の学生とのこと。今まで自転車で回ってきた、それも松本市から自転車だったそうだ。やはり若さである。今回で回り終えるつもりなので、最後は歩きでということらしい。道々聞いたところによると、神戸の出身で今は三年生。理学部物理学科で、専攻は理論物理。言葉も丁寧でまじめそうな好青年である。

　このあたりの道沿いは〝盆栽街道〟ともいうそうで、沿道には樹木や庭石、灯籠など造園用の材料置き場が続いている。昼食をとりたいが、盆栽屋ばかりで店のあるようなところではない。だいぶ歩いてやっと見つけたうどん屋は定休日、さらに歩いた先のお好み焼き屋は時間切れ、あきらめかけたころに喫茶店を発見、なんとか食事にありついた。

一宮寺は本堂より大師堂が大きく、中に入ってお参りできるようになっていた。堂内では仏壇と対峙するせいか、いつもより厳かな気分で読経できた。今日は結構歩いたので、無理はせず、ここで区切りとした。もう少し先まで歩くというS君と別れ、高松市内のビジネスホテルにたどり着き、ホッと一安心である。

讃岐路もあと五か所

青年と同行四人萩の寺

野仏を守るがごとく彼岸花

……………9月15日・月曜日

第八十四番札所 屋島寺《やしまじ》

朱塗りの本堂が印象的な屋島寺は、その名のとおり高松郊外の屋島にある。屋島は今は陸続きだが、

合戦一望
屋島寺

狸が出迎え
屋島寺

江戸時代までは島だったそうだ。義経の八艘《はっそう》飛《と》びや那須与一の扇の的で有名な源平屋島の合戦の舞台である。

境内からの眺めはなかなかで、高松市が一望できる。展望台から見ると、なにやら輪のようなものが空中に浮かんでいる。よく見るとワイヤーで吊ってあって、土器を投げて輪に通れば幸運ということらしい。通すにはかなりコントロールがよくないと難しそうだが、崖下めがけて思い切り投げてみるのも爽快かもしれない。

第八十五番札所　八栗寺《やくりじ》

八栗寺は屋島寺と湾を挟んで向かい合った半島の山頂にある。大師が埋めた八個の焼き栗が求法の効果ですべて芽を出したことから八栗寺と呼ばれるようになったそうだ。

この寺は山を切り開いて建てたようで、門から本堂まで切り立った崖が続く。崖のあちこちに穴がうがってあり、小さな祠が納めてある。崖下の道端には野仏が並び、昔行き倒れた人を祀ってあるのか、花が手向けてある。今でこそ国道が整備され、ケーブルカーまであって簡単に登れるが、昔は急峻な山道しかなかったはずで、お遍路の苦労が偲ばれる。

焼栗芽をふく八栗寺

岩壁一面野の仏

鬼手仏心志度の寺

第八十六番札所 志度寺《しどじ》

空海よりはるか以前の推古天皇時代の創建というから、日本でも有数の古刹である。この寺には龍神に奪われた宝珠を取り返す海女伝説というのがあるそうだが、その主人公は藤原不比等。空海が八十八の札所の一つに加えた。立派な門があり、運慶の作だという仁王様が守護している。参拝時、本堂の鴨居に、髪を生やした夜叉《やしゃ》の面がかけてあるのに気がついた。なにやらいわれがありそうで、納経時に尋ねるつもりが忘れてしまい、あとで調べたが結局わからなかった。機会があれば聞いてみたい。

志度寺診療所という案内板が目についた。寺の名をつけた診療所も珍しい。病気になったお遍路救済のための施設だろうか。裏に回ってみると、境内にモダンな建物があった。どうやらお寺の関係者が経営しているようで、特にお遍路用というわけではなさそうだ。志度寺の隣に常楽寺というお寺があって、平賀源内の墓があるという。訪ねてみたら思いのほか質素な墓だった。源内の天才ぶりに敬意を表して参拝、今回はここで打ち止めである。

後日、S君から無事に八十八カ所を回り結願したという便りがあった。我々もあと一息である。

（康）

山門の両脇大わらじ

大師の好物讃岐の酒

二十一世紀の古都の風景

［中国・洛陽→西安］

ある学術団体が主催する中国の古都・西安の日本語弁論大会に参加することになった。この機会に、弘法大師がたどった道を巡ろうということになった。

平成20年10月16日・木曜日

早朝、もやにかすむ鄭州《ていしゅう》駅に着いた。この地は中国大陸を東西、南北に通貫する鉄路が交叉する中国国鉄の要衝、日本でいえばJR九州の鳥栖に当たる。すさまじい人の波をかき分けて、「紅珊瑚大飯店」なる駅前旅荘で朝粥をする。

昨夜は一面のトウモロコシ畑の中を夜行列車に揺られ、茫漠《ぼうばく》たる山東半島を横断した。そしてその三段寝台で司馬遼太郎の『空海の風景』を読んだ。実は今まで遍路をしながら、弘法大師・空海についてなにも知らなかった。

延暦二十三（八〇四）年夏、空海は入唐求道の旅に出る。彼の乗った第十六次遣唐使船は、嵐に遭い、からくも福建省南部の僻地に漂着。艱難辛苦《かんなんしんく》の末、その年の暮れに唐の都

・長安にたどり着く。その途上、彼は華南・蘇州からこの華中・鄭州までは隋《ずい》の煬帝《ようてい》が築いた運河を船便で北上し、ここから長安までは徒歩で西行したという。

今回、殷《いん》、周、漢などの古代王朝が興亡した舞台である中原の黄土地帯を、空海がたどったであろう道筋、鄭州から洛陽、長安つまり現在の西安まで行こうという魂胆である。

ホテルで現地ガイドの羅氏と落ち合う。その彼はよくしゃべる。機関銃の如し。「四国の高松に留学していた。日本の元外相のガイドをした。華中は私が一番詳しい」。なにしろ自己アピールがすごい。おかげで目が覚めた。

中国経済も翳り、オリンピック・バブルも弾けつつあるのに、この鄭州市のような地方都市でもいたるところビル新築ラッシュ、それもなにしろ背が高い。新市街の

スモッグ覆う鄭州駅

ルールは無視の高速道路

計画はあの高名な建築家・黒川紀章氏が担当しているという。市中を抜けて高速道路に入り、まず殷墟《いんきょ》のある安陽という町へ行く。二〇〇八年のオリンピックに合わせてできたばっかりの片道三車線以上の高速道路を使う。なかなか立派である。中国の高速道路の総延長距離はすでに日本の三倍と聞く。中原平野を一直線、これだけ平坦であれば工事費も安いだろう。

まず道路の進入口で逆走車の洗礼に遭い、肝をつぶす。運転手は慌てることなく回避、車線に入ると今度はなにしろぶっ飛ばす。目的地近くになって運転手とガイドがなにやら首を傾げたと思うと、突然我々が乗っている車が逆走し始めた。後続の車もわきまえたもので、我々の車の両脇をスムーズに避けながら通り過ぎていく。そしてインターチェンジにたどり着き料金所を出るとき、運転手はそこの係員に「標識が小さいから間違った」と怒鳴っている。なにしろ中国では、国中、歩行者も車もほとんど交通ルールを守ろうとしない。おかげで殷墟の遺跡に早く着いた。

三五〇〇年以上の昔、殷という王朝があった。その都の跡を殷墟という。十九世紀、甲骨文字の解読からこの遺跡は発見された。この王朝はなにしろ血生臭い。王宮での占い、殉死の生贄《いけにえ》にするため、周辺の部族民を捕虜にしたという。現代人から見ると信じられないことだが、歴史的事実らしい。

夕刻、殷よりさらに古い夏王朝の遺跡に、迷いに迷ってたどり着く。長く神話であろう

殷墟の地下は骨の山

最古の王朝夏王朝

王朝興亡諸行無常

といわれてきたが、最近、洛陽に近い二里頭という小さな村落の麦畑からその遺構が発見された。記念碑の近くに考古学研究所があったが、あいにく、すでに閉まっていた。ガイドの羅氏がたまたま、夕餉《ゆうげ》の材料を買いにいく女性職員を見つけ、強引に見学を取り付けてくれた。確かにこのガイド氏はなかなか重宝な人である。その人のよさそうな職員は懇切丁寧に日本の縄文土器とそっくりな縄目の土器など多くの発掘物を見せてくれた。

今日一日、長い車の旅であった。

中国は田舎道がいい。広い黄土の平野に一筋の道。その両側には、幹に虫除けを白く塗ったポプラ並木が延々と続く。人とカボチャを満載にした耕運機がとことこと走っている。学校帰りの首に赤い襟巻をした小学生が石蹴りをしながら家に帰っている。露天で林檎を売っている。

あたり一面、黄砂に霞むトウモロコシと麦の畑。農民は黙々と野良仕事。そしていたるところ、こんもりした丘が無数に見える。その丘陵は、その昔、特大は王朝の王、大中小は領主、家臣、庶民、さまざまな人々の陵墓だそうで、人がそこで生をつないできたことを証明する重層的遺物である。それもいつの間にやら自然に溶け込んで、風景の一部になっている。数千年来、同じ光景であろう。

諸行無常、いくら隆盛を誇ってもいつかは土に還る。千年前、空海もこの光景を目に焼き付けながら旅を続けたのであろう。

深夜、洛陽着。二十一世紀の古都は、街中、輝くネオンと喧噪《けんそう》の渦であった。

伊川の流れに秋の風

10月17日・金曜日

今日は終日、古都・洛陽の観光。快い秋の日差しを浴びながら、まず世界遺産・龍門石窟へ。黄河の支流、ゆったり流れる伊川の両岸の岩壁に大小無数の仏像が刻まれている。ここも大変な人出である。

朝からむやみに元気がいい羅氏の説明によると、中国経済の発展によって国民の収入が増え、国内旅行が大流行だそうだ。どうも中国では団体ごとに帽子で識別していようで、帽子の色がそれぞれ違う。あちこちで旗を持った添乗員が声をからして人数を確認している。まるで鳥の群れに入ったような賑やかさである。

それにしてもよくぞここまで彫ったと感嘆するほどの石像の数である。しかし無残に破壊されているものも多い。てっきり異民族、異教徒の侵入によるものかと思ったら、どうも違うらしい。物知りガイドの羅氏の説明によると、中国は昔から儒教、道教、仏教が三つ巴状態で、そして時の支配者の信仰する宗教が変わるたびに廃仏毀釈が起こり、石像が破壊されたそうである。この国の歴史はすさまじい破壊の連続である。これも漢民族の自

なにしろ多い人の数

武后モデルの釈尊像

己主張の強い民族性の影響か、と思う。

ひときわ巨大な石像がある。則天武后が自分をモデルに造らせたという釈尊像である。女性的な顔立ちでほんのり色気がある。女帝になろうとしたほどの女傑の指示であったというから、作者も命がけだっただろう。相棒は写真撮影に没頭している。

伊水を渡り、対岸の香山寺へ。ここには白居易（白楽天）の墓碑がある。白楽天は「長恨歌《ちょうごんか》」を著した晩唐の詩人である。当時の中国だけではなく、平安時代であった日本においても『枕草子』に引用されるほど有名であった。彼は王朝の顕職を歴任後、晩年は香山居士《こじ》と号し、愛するこの地に隠居、悠々自適の生涯であった。幸福な人である。

酒、特に朝酒を好んだという。この点では小生の感性も天才・白楽天並みであり、日曜日の昼、入浴剤を入れた長風呂で飲むビールは本当にうまい。詩聖にちなみ、ようやく色づきつつある紅葉を肴に、相棒と洛陽宮啤酒《ビール》という地ビールを楽しむ。

対酒　五首其二　　白居易

百歳無多時壮健　　百歳　多時の荘健なる無し
一春能幾日晴明　　一春　よく幾日の晴明ぞ
相逢且莫推辞酔　　相逢いて且つ　酔を推辞する莫れ

聴唱陽関第四声　　唱《とな》うるを聴け　陽関の第四声

午後、酔眼朦朧、白馬寺を参拝する。

西暦四七年、白馬寺は建立された。司馬遼太郎は、

白馬寺は、洛陽の手前の小盆地のなかに建っている。後漢のころに建て中国最初の寺とされるだけに歴世の保護が厚く、その規模は雄大で、――明末には衰えたが――後漢のころ、この寺でかつて経典の翻訳も行われたことがあるという。空海はひろい境内を一巡したり、一三層の土塔を仰いだりしただろう。

（司馬遼太郎『空海の風景』中公文庫、一九九四年）

と描く。

日本人の感性からすると、中国のお寺さんは極彩色で、ありがた味に欠ける。帰依の対象たる釈迦牟尼、観音菩薩は絶えず神々しく金色に輝いていなければならないのだろうが、日本人のスピリチュアリティにはどうもなじまない。金箔が剥落《はくらく》し古びたお釈迦さんのほうがありがたく感じる。

民族性について相棒と人類学的な考察をしながら本堂を出ると、本堂の傍に立つ修行姿の空海像が「よくぞここまで来たな」とほほ笑んで遠来の我々をねぎらってくれた。

10月18日・土曜日

午前、列車で西安へ。車窓に流れゆく広大な黄土平原を眺めているうちに、昼過ぎ、いよいよ黄河の支流・渭水《いすい》を渡る。

中原最後の白馬寺

光り輝く
お釈迦様

弘法大師が
お出迎え

送元二使安西　　王維
渭城朝雨浥軽塵
客舎清々柳色新
勧君更盡一杯酒
西出陽關無故人

（元二の安西に使いするを送る）
渭城《いじょう》の朝雨　軽塵を浥《うるお》し
客舎清々　柳色新たなり
君に勧む　更に尽くせ　一杯の酒
西のかた陽関を出づれば　故人無からん

まだ紅顔の美少年であった高校二年生、漢文の牧野正利先生の朗々たる吟詠を思い出す。約半世紀近く経ってしまったのか、などと感慨に浸っているうちに、いよいよ、古《いにしえ》の唐の大都・長安である。

昼過ぎ、西安駅に到着。人の波でごった返している。どこに行っても中国は人であふれている。病院の國武剛先生らと合流し、今回の訪中の主眼たる日本語弁論大会の前夜祭に参加する。

西安の旧名・長安には、なにか平和でまったりした語感がある。多民族の異文化、多様性を飲み込み消化してしまうおおらかな包容力があった。唐の時代は人類にとって最も幸福であった時期の一つであった。

夜、ぼんやりかすむ黄色い満月を眺めながら、白酒を飲む。

子夜呉歌　李白

長安一片月　萬戸擣衣聲
秋風吹不盡　總是玉關情
何日平胡虜　良人罷遠征

長安　一片の月　万戸　衣を擣《う》つの声
秋風　吹き尽きず　すべて是《こ》れ玉関の情
何れの日か胡虜《こりょ》を平らげて　良人は遠征を罷《や》めん

大雁塔と弘法大師

10月19日・日曜日

早朝、西安のランドマークである小雁塔《しょうがんとう》、大雁塔、そして空海が密教を修行した青龍寺を参詣する。

恵果は空海を見るなり、笑を含んで喜歓したというのである。

和尚、忽《たちま》チ見テ、笑イヲ含ミ、喜歓シテ曰ク、我、先ヨリ汝《なんじ》ノ来

ルヲ待ヤ久シ。今日相見ル、大好シ、大好シ
恵果があわれなほどによろこぶさまが目に見えるようである。（中略）
恵果はさらにいう。自分は寿命が尽きなんとしている（恵果はこの年の暮れに病没する）。しかしながら付法（法を伝えること）に人がなかった、さっそくあなたに伝えたい（必ズ　須《す》ク速ヤカニ、香花ヲ弁シテ灌頂壇《かんじょうだん》ニ入ルベシ）……と恵果は全身でよろこびを示し、きわめて異例なことに、初対面の空海に、どうやら何の試問もおこなわず、すぐさまあなたにすべてをつたえてしまおう、と言い放ってしまっているのである。

事実、そのとおりになった。

（司馬遼太郎『空海の風景』）

と、司馬遼太郎は活写する。

法主・恵果が一目見るなり、初対面の異邦人・空海を自分の後継者にしたというから、やはり空海はすごい人だったのではないかと思う。すさまじいオーラが出ていたのであろう。

境内は空海記念碑、恵果と空海の記念堂など弘法大師一色であった。

そしてなんと、四国八十八カ所の起源だとして「第0番札所」という御札を発行していた。

無論、お布施代わりに購入する。やはり中国の人は商売上手である。

10月20日・月曜日

昨日の西安にある七大学の日本語科学生による日本語での弁論大会は面白かった。そして、発表する学生の必死の自己アピールに圧倒された。

いろいろと感慨深い旅であった。

（和）

空海の偉業里帰り

第0番札所青龍寺

寄り道

石鎚山

十年間、乗っていた愛車を小型車に買い替えた。省エネ、いわゆるエコ、地球環境にも良い。この機会に、その性能試験も兼ねて、四国山地を走破し、前回踏破に失敗した横峰寺の御本尊、石鎚山に向かうことになった。

平成20年11月1日・土曜日

今日は連休の前日、つるべ落としの晩秋の夕暮れ、ようやく仕事も一段落し、リポビタンDを飲んでほっとしていたら、相棒が「連休を家にいるのももったいないな」と呟いた。

還暦を迎えた前期高齢者の二人、家庭での存在性は希薄、連休というのに二日間、何かやる予定もない。

突然、では新車の慣らし運転がてら、四国にでも行くかということになる。であれば四国山地を縦断、心残りの石鎚山を目指そうと気宇壮大な遠征行となる。

道々で相棒が携帯をかけまくっていたら、豊後水道に向かって細長く突き出している四国の三崎半島、佐田岬近くの民宿が運良く空いていた。夜の大分道を突っ走って、佐賀関着、愛媛県三崎行きのフェリーにかろうじて間に合った。

闇夜の水道を渉り、やはり真っ暗な細い山道を辿り、深夜民宿着。この民宿「大岩」は超当たりであった。三崎アジの刺身、サザエ焼き、最後の締めは、伊勢海老とわたり蟹の味噌鍋、久し振りに絶品の海の幸を食った。本当に口福である。同じ豊後水道でとれるアジでも大分県佐賀関で揚がると関鯵と云うブランド魚で高くなると、漁師もやっている女将《おかみ》が嘆く。しかしこのうまい魚が安く食える方が、我々にとっては善きこ

夕靄に霞む
石鎚山

とである。

11月2日・日曜日

快晴。早朝、三崎半島先端の佐田岬へ行く。断崖にへばり付く家並を縫って細い道が岬に続く。所々、鯵の生干しが風に揺れている。風力発電の巨大な風車がゆっくりと回っている。今日は日ごろに比べて風は強くないらしい。

岬で遠く霞む九州豊後の佐賀関を望んだ後、いよいよ西に向かって四国横断を開始する。

原子力発電の伊方《いかた》で燃料、古い港町の八幡浜で道路地図、伊予の小京都の大洲で饅重を購入。昼飯にその黒餡の破れ饅重をほおばりながら、愛媛県西部の喜多平野を蛇行する肱川《ひじかわ》とその支流、船戸川を遡行、四国山地へ分け入る。山が深い。本当に深い。峠を越すと小さな集落、急な丘陵を巻くと深い峡谷、その対岸に

海峡はさんで
佐賀関

へばり付くような狭い棚田と旧い民家。よくまあこんな辺鄙《へんぴ》なところにと感心するほど、それぞれの土地に、人さまざまの生き様が満ちている。自然と人生の多様さ、奥の深さに感動しながら悪路と格闘しているのに、相棒のいびきがうるさい。相棒は助手席に乗ると途端に寝てしまう、ナビゲーター失格である。

昼過ぎ、四国山地の中央、四国カルスト着く。ここは名前の通り、石灰岩からなる広大なカルスト台地で、山口の秋芳洞、北九州の平尾台と同じ、原野に散在する白い岩塊が放牧された羊の群れのように見える。ここは四国の分水嶺、三百六十度、見晴らしが良い。北には瀬戸内海、我々の目的地たる石鎚山から、南には太平洋も遠望できる。

またまた重畳《ちょうじょう》の深山を越え、峨々《がが》たる幽谷を渉り、羊腸の険路を北上し、石鎚山麓の名勝、面河渓《おもごけい》へ辿り着く。丁度、全山が燃えるが如き紅葉の盛り、夕日に

もみじと滝の面河渓

薄が揺れるカルスト台地

照らされて落葉が水面をゆっくりと流れていく。

今宵は石鎚山の登山口・土小屋にある白石ヒュッテ泊。一階が土産物店の山小屋である。標高一二〇〇メートル、夕刻、雲が厚くなり、落日は見えず、結構寒い。食堂は明日早朝登頂をめざす中高年でいっぱい、若い人はスタッフだけである。まずはビール、一日の終わりのこの一杯は本当に旨い。隣は埼玉から来たという七十歳前後の夫婦。ご主人の還暦をきっかけに、二人で日本百名山の登頂を開始、既に百峰完踏、現在、名山三百峰制覇の途上で、今回の四国行は石鎚山、剣岳の踏破が目標とのことである。深山の岩肌に自生し霊芝と同じ効能を持つという山茸は珍味、ヤマメの飴炊きはうまかった。独特の後口の伊予特産という栗焼酎の水割りで締めくくり、早めに就寝。充実した秋の一日であった。

石鎚山秋深し

山茸ヤマメ栗焼酎

11月3日(月曜日、文化の日)

生憎、曇天。霊峰石鎚山は霧の中。登山口にある石鎚神社の土小屋遙拝所に参拝、聞くと、今日は山を閉める日で、登山は今日まで。なんと運のいいことか。如何に我々の日頃の行いが善いかの証左であろう。

登山開始、尾根道でそんなにきつくない。深い広葉樹林を歩く。常緑樹のなかに、浅黄から深紅まで、様々な色調の落葉の組み合わせが見事。自然が創った秋の終わりを告げる緞通である。

弘法大師は、石鎚山に二度登山し、修行したという。そして第六十番横峰寺と第六十四番前神寺は、石鎚信仰の中心である別当寺であり、特に後者は修験道の根本道場である。この聞きなれない別当寺とは、広辞苑によれば、「別当寺、神宮寺は神仏混淆のあらわれとして、神社に付属して置かれた寺院の称。明治維新以後神仏分離によって廃絶あるいは独立」とあるが、素

山伏も正装
山閉めの日

人の我々にはその役割がよく分からない。

登山開始して二時間、横峰寺方向からの登山道と合流する八合目に到達。ここからは急峻な岩山登攀《とはん》となる。昔は絶壁を鎖頼りで攀じ登ったというが、現在は危険防止のため岩壁の所々に鉄柵製の階段状登山道が付設されている。なにしろ視界は濃密な霧で悪く、登山道は雨露で滑るしかつ狭く、その急峻さに足が竦《すく》む。それに標高と悪天候で動きを止めると寒い。修験道の山らしく、時々、法螺貝《ほらがい》の音が聞こえる。石鎚講の信者、山伏とすれ違う。今日はこの山の大祭でもあるらしく、山伏も黄色のきらびやかな晴れの衣裳である。

ようやく十一時、四国最高峰、一九八二メートル、石鎚山頂の本宮到着、山頂小屋推奨のモカコーヒーで体が温まる。同席の妙齢の金髪美人はフランス人で現在北九州在住とのこと、おかげでコーヒーの味も一段と旨い。下山の途中、霧が晴れ、石鎚山の威厳ある麗

石鎚神社は霧の中

フランス美人と山頂へ

姿、山裾の紅葉を愛でることができた。

　下山後、石鎚山に連なる瓶《かめ》ガ森《もり》の切り立った山肌を縫うスーパー林道を快走、またまた素晴らしい紅葉であった。そして、伊予小松に出て横峰寺を車窓から参拝し、しまなみ海道、山陽道、関門橋、九州道を走破し、深夜帰着、総距離一二〇〇キロの紅葉の旅であった。（和）

全山燃える秋紅葉

もみじ一葉風に舞う

野鳥の好物深紅の実

どうにか結願

［87番・長尾寺↓88番・大窪寺］

還暦ともなると、人それぞれ、人生一区切りの記念になにかを残そうとする。特に男性は、還暦に強い感慨を覚え、その一つとしてお遍路を思い立つらしい。

たまたま五年前、福岡市今泉の「登喜和」という頑固親父の居酒屋で、「どうするや、もう還暦やが」と、相棒との慨嘆から始まった自分探しの遍路旅も、そろそろ結願間近となった。

結願は、人さまざまである。よって今回は、二人それぞれの印象記とする。まずは小生から。お遍路の諸先輩は、結願をどう表現したか。諸兄の文章を紹介しながら、最後の区間の旅日記とする。

……………平成21年6月6日・土曜日

土曜日の外来が終わるや否や、新幹線で高松へ。今回は、いつもの相棒＋畏友清水君。娘の初産の安産祈願のため、ぜひ連れていけと強要する。

今夜は前夜祭。知人の紹介の小料理屋「あおき」へ直行、まずは瀬戸内海のうまき幸を肴に、清水君の長女の安産を祈念してビールで乾杯。隣のスナック「ドルフィン」で、いまだ紅顔の美少年であったころの話に花が咲く。阿波鳴門の金時芋焼酎はうまかった。

　まだ梅雨入り前の心地よい初夏の夜風を頬に受け、おとなしく帰宿。

いよいよフィナーレ長尾寺

入唐前に願をかけ

……6月7日・日曜日

第八十七番札所　長尾寺《ながおじ》

このお寺さんは、天平十一（七三九）年、行基の創建。空海が、入唐前に渡海安全、帰朝後に大願成就の参宮をした由緒正しき寺らしい。

　ここから一六キロ、いよいよ大窪寺へ続く結願の道を歩くこととする。

第八十八番札所　大窪寺《おおくぼじ》

高地蔵を過ぎたあたりから山に入り、歩き始めて一時間半、お遍路の博物館「おへんろ交流サロン」という補助金行政の典型のような建物がある前山に着く。まずは小休止、お茶のご接待、地産の胡瓜をかじる。これまたうまい。ここから分岐する女体山《にょたいさん》経由の険路ではなく、矢筈山《やはずやま》のふもとを迂回するように流れる鴨《かん》部川《べがわ》に沿った昔からの遍路道を歩く。

とたんに道の勾配が増す。広葉樹林のむせぶような新緑の中、まだやさしい初夏の陽の光を浴びながら、オゾンがうまい。のどかな山道である。道々、野仏、石碑が増えてくる。棚田を一望する花折峠《はなおれとうげ》の「大師の水」という湧き水から、「丁石」という石造りの道しるべが始まる。ここが七十丁石、大窪寺が零丁、いよいよカウントダウンである。

のどかな山道野の仏

大野正義氏は地方公務員を退職後、突然遍路の魅力にはまって、古希までに九回の遍路歴を持つ達人で、四国遍路を「癒しのアミューズメント」であり「すべての現代人の再生装置」と評価するこの人物は、その結願の道中を、このように表現している。

大窪寺へ向かう昔のお遍路さんたちは、相草《あいくさ》、額《がく》、助光《すけみつ》、槇川《まぎがわ》、兼割《かねわり》といった地区を迂回し、遠回りしつつスタミナの消耗は少なくして堂々と山門から入っていました。今でも結願に向け、七十丁から始まる丁石のカウントダウンには、こみ上げるものがあります。やはりほかのお寺の丁石にはない特別な感情を刺激されるものです。（大野正義『これがほんまの四国遍路』講談社、二〇〇七）

健気に回る風車

午前十時、歩き始めて二時間半、小さい盆地の集落・多和《たわ》の、小さい小学校の横を抜ける。小学生並みの稲がお行儀よく並ぶ水田の際のガードレールに、だれが置いたのかプラボトル製の風車が刺してある。それ

お遍路姿ももう少し

が結構、力強く健気に回っている。暑からず、寒からず、適度に汗ばみ、そよ風が快い。丁度、二十丁あたり、病院の外来に来られている屋田さよ子さん推奨の宿「竹屋敷」の前を通る。

　五十一歳で直木賞を受賞するまで下積みの人生を送り、いろいろな職業経験を積んだ作家の車谷長吉氏は、二〇〇八年、六十二歳のとき、妻・順子さんと、歩き遍路兼吟行の旅に出る。順子さんは歌人でもある。

　四月二八日（月）
　今日は第八十八番札所・大窪寺まであと三キロの宿「竹屋敷」まで歩く。花折山を越えた後、また一つ峠を越える。かなり辛い峠道。弘法大師はお遍路さんに最後まで楽をさせない人だった。そこが偉い。（中略）
　珍しく風呂に入り、鬚を剃る。体重が六七キロから五九キロに減る。よく歩いた。順子さんは七キロ減。顎の垂れだんごがなくなる。怪我の足でよく歩いた。驚嘆。

長吉の笠が見えてる麦畑　順子

夕食にお赤飯が出た。結願の前祝いなのだそうだ。

（車谷長吉『四国八十八ヶ所感情巡礼』文藝春秋、二〇〇八）

晩婚同士、ようやく連れ添うようになった相手をおもんばかる風情が「垂れだんご」、「見えてる」に表れていて、そして愛情がほのぼのと伝わってくる。小いよいよ七丁、最後のなだらかな山道になる。小一時間、名も知らない路端の花々をめでながら、気持ちよく散策を続けていると、突然、青空を背に、大窪寺の山門が見えてくる。

もう少し、もう一息である。

午前十一時二十分、山門をくぐる。ひょっとしたら、感涙にむせぶかと思っていたが、そんなに感慨を覚えない。終わったな、と思うものの、五年間の苦労が実ったといった、強い感激は浮かばない。

結願まぢか夏の雲

「朝日新聞」の「天声人語」を担当していた名物記者・辰濃和男氏は、こう記す。彼は四十四歳のとき、お遍路を記事にするため、最初のお遍路を経験する。新聞社を退職後、一九九八年、六十八歳のとき、「七十歳」という壁が近づき、これからの己の冬の季節をどう生きてゆこうかと、二回目の歩き遍路の旅に出る。

雨は止んでいた。八十八番霊場大窪寺の境内は人であふれ、ざわついていて、そのせいか、結願の寺なのに「達成感」といったものがあまりなく、やや拍子抜けの感じだった。七十一日間をかけて、ああ、これで歩き終えたという感慨は無論あったけれども、それはそう深いものではない。一気に歩き抜いた人と違って、何回かに分けて歩くという区切りうちのせいだったかもしれない。

（辰濃和男『四国遍路』岩波書店、二〇〇一）

しかし、彼は二〇〇三年から翌年にかけて、七十三歳、三回目の歩き遍路をする。今回は、「古希の壁を越えた」白秋の時期になってからの、一気に五十九日間、通しての遍路である。そして結願を迎えたとき、今度は強い感動を味わっている。

やがて線香のにおいが風にまじってくる。八十八番霊場、大窪寺は間近だ。宴の終わりを惜しむ気持ちになって、座り込んだ。

靴の裏を見た。たくさんの小石が靴裏のミゾにくいこんでいた。その粒々を一つ一つ取り去りながら、千数百キロを歩けたのも、お前さんのおかげだと思う。コンクリートの硬さに耐え、海辺の砂にまみれ、山道の岩石に耐えながら、足を守ってくれた。誠にきざな話と思われるだろうが、靴に、靴下に、泥のこびり着いたズボンに、リュックに、雨具に、杖に、心の中で祈った。

「土を踏むこと」と「風に祈ること」、それだけでいいというのは、その二つの単純な動詞さえ大切にすれば、あとのことは重要であっても最重要でない、という意味だ。

（辰濃和男『歩き遍路』海竜社、二〇〇六）

横井寛氏。電話会社で技術を担当、退職後、七十一歳になって初めてお遍路を体験する。二〇〇一年の秋から翌々年の春まで二年をかけて、あるところは歩き、あるところは公共交通手段を利用しての、体力的に無理のない区切り打ちの遍路を行った。

第八十八番札所「大窪寺」には、三時半ごろ着いた。（中略）

ようやく結願大窪寺

本堂の右手に山頭火の句碑があった。

　ここが打ち止めの水があふれてゐる

ここで、打ち止めというのは霊場の最後の寺のことである。わたしは両手を挙げて、大きく深呼吸をした。

　山笑う遍路大きく深呼吸

　打ち留めてあふれる涙や上げ雲雀《ひばり》

（横井寛『準・歩き遍路のすすめ』講談社、二〇〇五）

人が受ける感動とは、その人の年齢、そのときの状況によって当然違う。小生も、もし十年後、二十年後、今に比べてかなり体力・気力は落ちているであろうそのときに、どうにか四国を一周回ることができたら、その達成感に感激し、満足感も強いかもしれない。

それはともかく、どうにかこうにか今回で結願、まずは一区切り、一安心である。

最後の般若心経を唱え、五年間付き合ってくれた金剛杖を納めると、急に腹がすいてきた。山門の階段の側の「野田屋」でまずは結願のビールで乾杯。昼のビールはまたまたうまい。最後の寺での昼食は、やはり讃岐うどん、讃岐のうどんはどこで食べてもうまい。

午後、駆け足で、阿波徳島の第一番札所・霊山寺へお礼参り。

夕刻、霊山寺本堂の釈尊像の前に立ったとき、ようやく終わったという感慨が湧いた。感謝。

あとは高野山奥の院を残すのみ。

そして、いつもどおり、脱兎の如く帰福。深夜、帰着。

（和）

五年前と同じ場所

お礼参りに霊山寺

6月7日・日曜日

第八十七番札所 長尾寺《ながおじ》

八十七番埋めにけり

長かったお遍路もいよいよ今回で最後ということで、同級の清水君も加わっての結願の旅である。今までほとんど使わなかった白装束を引っ張り出し、菅笠と合わせた正装で臨んだ。相棒も、大事にとっておいた上等の菅笠を初めて着用。柿渋を何度も塗り重ねた深みのある焦げ茶色、いい色である。

長尾寺は広い境内と楠の大木が印象的な寺であった。鐘楼を兼ねた一風変わった山門から石畳の道が真っ直ぐ奥まで延びており、その先が本堂である。境内にはひときわ目立つ大楠があり、その根元の石碑に「人生即遍路」と書かれていた。そうなのだ、遍路とは人生そのものなのだ、わざわざ四国霊場を巡らずとも、自身の日々の生活がそのまま遍路である、生老病死のすべてがそこにあり、その苦しみから逃れるすべもすべてそこにある、杖はなくとも同行二人を心に一日一寺のつもりでいけばよい、などと殊勝らしく思う一方で、それにしてもこの寺は八十八番の一つ手前という点で地味な印象を与え、損をしているのではないか、もう少し目玉になるものをそろえれば経営に寄与するのではと、閑散とした境内を眺めながら極めて卑俗な心配をしてしまう。いや、解脱に至るのは難しいものである。

いよいよ結願大窪寺

第八十八番札所　大窪寺《おおくぼじ》

長尾寺から最後の歩きに入る。町を外れ、田舎道を歩く。しばらく歩いていると清水君が寄ってきて、相棒が五〇〇メートル以上遅れていると告げた。後になって聞いたことだが、夕べの夕食のせいか、実は朝から調子が悪かったのだという。体調に不安を覚えながらの遍路だったようだが、健気にも（？）そのとき彼は我々にはなにも言わず、黙々と歩いていた。

　あたりは緑に覆われている。今の季節は木々の生命力が最も旺盛なときで、この時季になるといつも、すべてを覆い尽くさんばかりに繁茂する木々の勢い

結願の般若心経

に圧倒されるものを感じる。迷うことなどなく、精一杯命を謳歌する植物に、迷い多き人間は学ぶべきかもしれない。

山覆う青葉若葉に分け入らん

最後の寺だけに、表門から威儀を正して入りたかったが、気がついたら裏から入っていた。歩き遍路ゆえのやむを得ざるところである。それはともかく、最後の参拝がついに終わった。すべてを歩きとおしたあと、感極まって涙を流す者もいるという。さぞかし達成感がと思いきや、実は虚脱感というか空虚感のほうが強い。我々の修行が足りなかったのか、それともこんなものなのかよくわからないが、なにはともあれ終わったのだ。

古式にのっとり、磨り減って短くなった金剛杖杖と、頂上部が傷んで破れた菅笠を奉納。納経所では記念に持っておくことを勧められたが、ここはやはり形にこだわった。それではと受けてはくれたが、なんと有料である。いやはや世の中世知辛い。

感慨は後から来るものか、本懐を遂げたうえに、この駄文シリーズからも解放され、肩の荷も下りたはずであるが……いや、解脱に至るのは難しいものである。（康）

杖の奉納これ有料

結願の
ビールとうどん

空海はここから唐へ旅立った

［長崎県・五島］

延暦二三（八〇四）年、弘法大師・空海は入唐求法の船旅に出る。空海三十一歳のときである。

越前の太守・正三位藤原朝臣葛野磨呂《かどのまろ》が率いる遣唐使船四隻は、五月十二日、難波を出航、瀬戸内海を西行し、七月六日、肥前国田ノ浦からいよいよ東シナ海の荒海に出帆した。しかし翌七日に早くも暴風雨に遭遇、船団は四散し、空海の乗った第一船は約一カ月の漂流の後、八月十日、遣唐使船の目的地・寧波《ねいは》からはるか南、福建省霞浦県赤岸鎮という僻遠の地にからくも漂着した。第二船はさらに一カ月後の九月一日、寧波にたどり着く。この第二船には後に天台宗の開祖になる最澄が乗船していた。第三船は南方の孤島に漂着、そして第四船は消息不明になっている。

空海らはその省都・福州に留まること約三カ月、十一月三日、ようやく上洛の勅令が下り、一行二十三名は福建の険路を踏破、江南の杭州《こうしゅう》から運河を遡上、中原の揚州から中国大陸を横断し、その年の十二月二十三日、ようやく唐の都・長安にたどり着く。日本を出発して約八カ月の艱難辛苦の旅であった。

よくまあ大変な日に遭って、入唐したものである。生命の危険を顧みず、難儀な旅をしたものである。

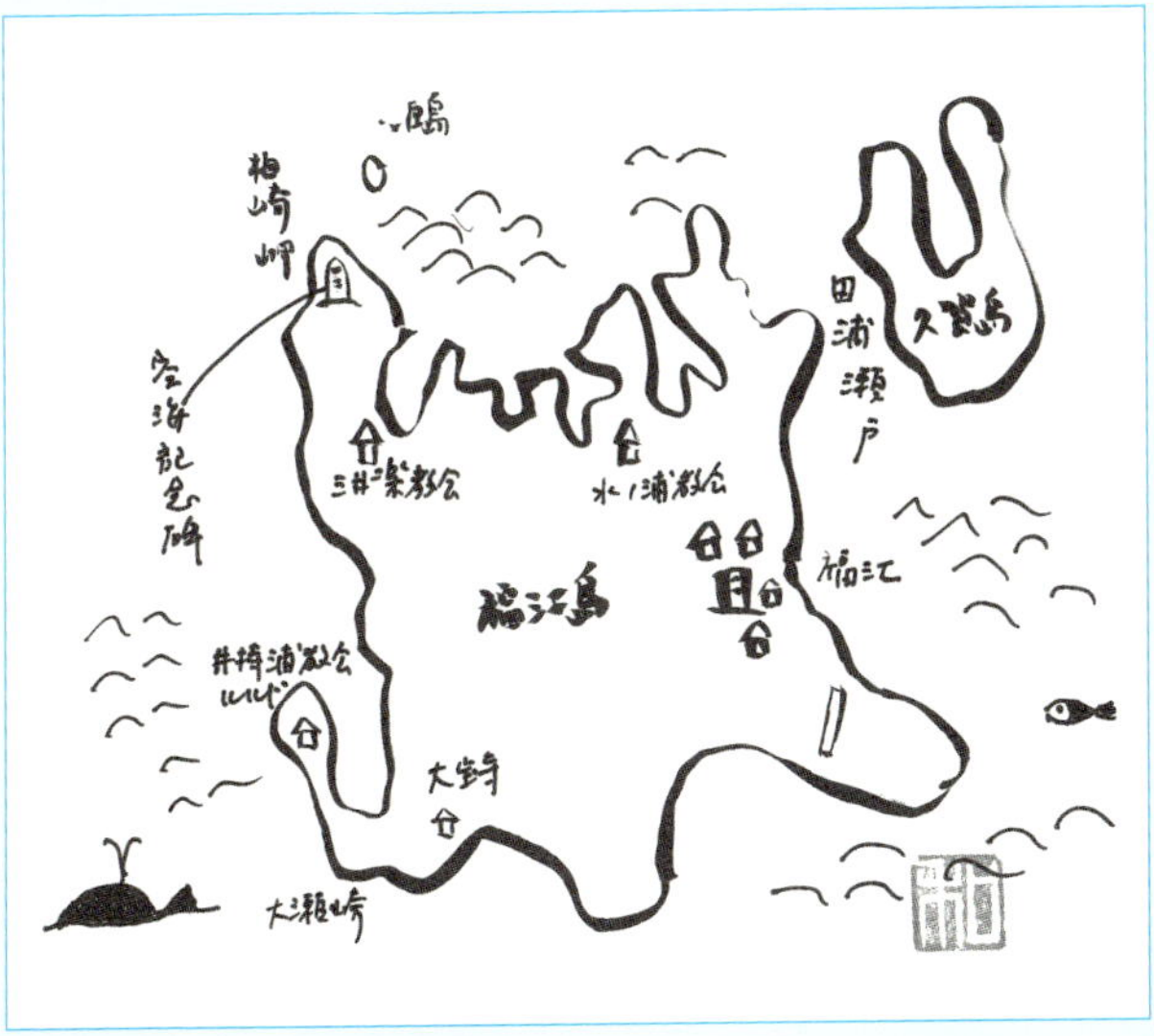

残暑厳しい昼下がり、外来が終わって、壁に張った世界地図を見ながら、入院患者さん用の昼食の冷そうめんをすすっていると、またまた、相棒が悪魔のささやきを漏らす。「お遍路をする我々にとって、弘法大師の偉業をたたえ、その苦行を追体験するのも人生修錬、人格陶冶《とうや》にはぜひ必要である」と意味不明のことを言う。意訳すると、「単に空海のたどった道々で名物を肴に酒が飲みたい」ということらしい。

ものの本によると、肥前の国の田ノ浦というのは五島福江のことだという。空海は福江島から唐に渡ったことになる。

柏崎岬も風強し

玄海の幸「寿し善」

福江でおいしい魚を食べるのも夏バテ対策によい。もちろん、実行に移すことにする。

平成21年8月26日・水曜日

午前外来、午後病棟、日々の業務を終え、空港へ直行、夕刻の全日空便に滑り込む。六時半、福江に到着。今回は病院の上園俊和君、知人の肥後本晃氏も同行。夕食は肥後本氏が前から行きたかったという店へ行く。その「寿し善」という寿司屋さんは地の魚のオンパレード、味よし、とにかく超安。隣の小学生は回転寿司並みに注文している。

その代わり、同年代の大将の話を延々と拝聴。十代のころ働いていた大阪の十三《じゅうそう》での苦労話が面白い。

「仕事は信頼なり、値決めなり」、松下幸之助ばりのなかなか含蓄のある話であった。

夏の蒼海辞本涯

8月27日・木曜日

快晴。福江島の西の外れ、三井楽という町の柏崎岬へ行く。ここは空海が遣唐使船の甲板に立ち、祖国・日本を最後に望んだ土地である。そこには「辞本涯」と刻んだ空海渡海記念碑がある。それは現在の福建省の行政長官、福州刺史《しし》である閻済美《えんさいび》に対して、空海が自らしたため提出した、入国許可を求める文章の一節、

賀能等　忘身徴命　冒死入海　既辞本涯

（賀能〔遣唐使団長・藤原葛野麿呂のこと〕ら、身を忘れて命をふくみ、死を冒して海に入る。すでに本涯を辞す）

水ノ浦教会空碧し

による。

岬に立つ。雲一つない紺碧の天空の下、墨蒼の大海原が広がり、姫島という小島がぽつんと浮かんでいる。海一面に白い波頭が立っている。風が強い。本当に風が強い。年中風が強く吹くという。近くの民家の屋根には、瓦が飛ぶのを抑える石を置いてある。

木の葉の如く波濤に揺れる船上に立ち、はるかに遠ざかっていく祖国の島影を眺め、空海はなにを思ったのであろうか。

五島は隠れキリシタンの島らしく、カソリック教会が多い。福江市に戻る途中、水ノ浦教会に立ち寄る。晩夏の青空に尖塔が聳える白亜の教会はすばらしかった。その素朴な木造りの教会内に立つと、信者の方々のひたむきさが伝わってきた。

帰りは、やはり肥後本氏推奨の居酒屋風洋食屋「望月《もちづき》」の五島牛のステーキで夏バテ対策、体力・気力回復の旅であった。

（和）

空海にあやかり、海路五島へ

［長崎県・五島］

平成21年9月2日・木曜日

行ってみると、五島はなかなかよいところであった。

そしてどうやら、空海が船出したという田ノ浦とは福江島の港ではないらしい。

司馬遼太郎の『空海の風景』（中公文庫、一九九四年）によると、

「列島の最南端に福江島がある。北方の久賀島と田ノ浦瀬戸を以て接している。船団はこの瀬戸に入り、久賀島の田ノ浦に入った」

とある。どうも遣唐使の船団は福江島の目の前に見える島・久賀島に寄港したということのようだ。

些細な粟粒の如き問題であっても、研究心が旺盛な執着気質の血液型A型人間にとって、すべての疑問点は解決されなければならない。

今度は空海の海路にあやかって、博多港から上五島の島々を経由して福江に至る、船の旅とする。

博多の街もしばしの別れ

午後二十三時三十分、博多埠頭から野母《のも》商船・太古丸で福江に向かう。久しぶりの夜船である。乗客はまばら、乗客の減少で船の食堂が閉まっている。夜食なし。船員は明日の朝飯も買っておいてくれと、申し訳なさそうに言う。もちろん長い夜船の旅、缶ビールと裂きイカ、ピーナッツを調達。

甲板で夜風に吹かれ、ビールを飲みながら、遠ざかる博多の夜景に見入る。初秋の夜風が快い。期待していなかった裂きイカが結構いける。博多タワーが遠ざかっていく。荒戸大橋、ホークスドームの光のシルエットが美しい。船の進行方向は漆黒の闇、志賀島を過ぎて博多湾を出たとたん、船が揺れ出した。

野母商船・太古丸の運航スケジュールは、以下のとおり。上五島の島々を経由して、翌朝、福江入港。

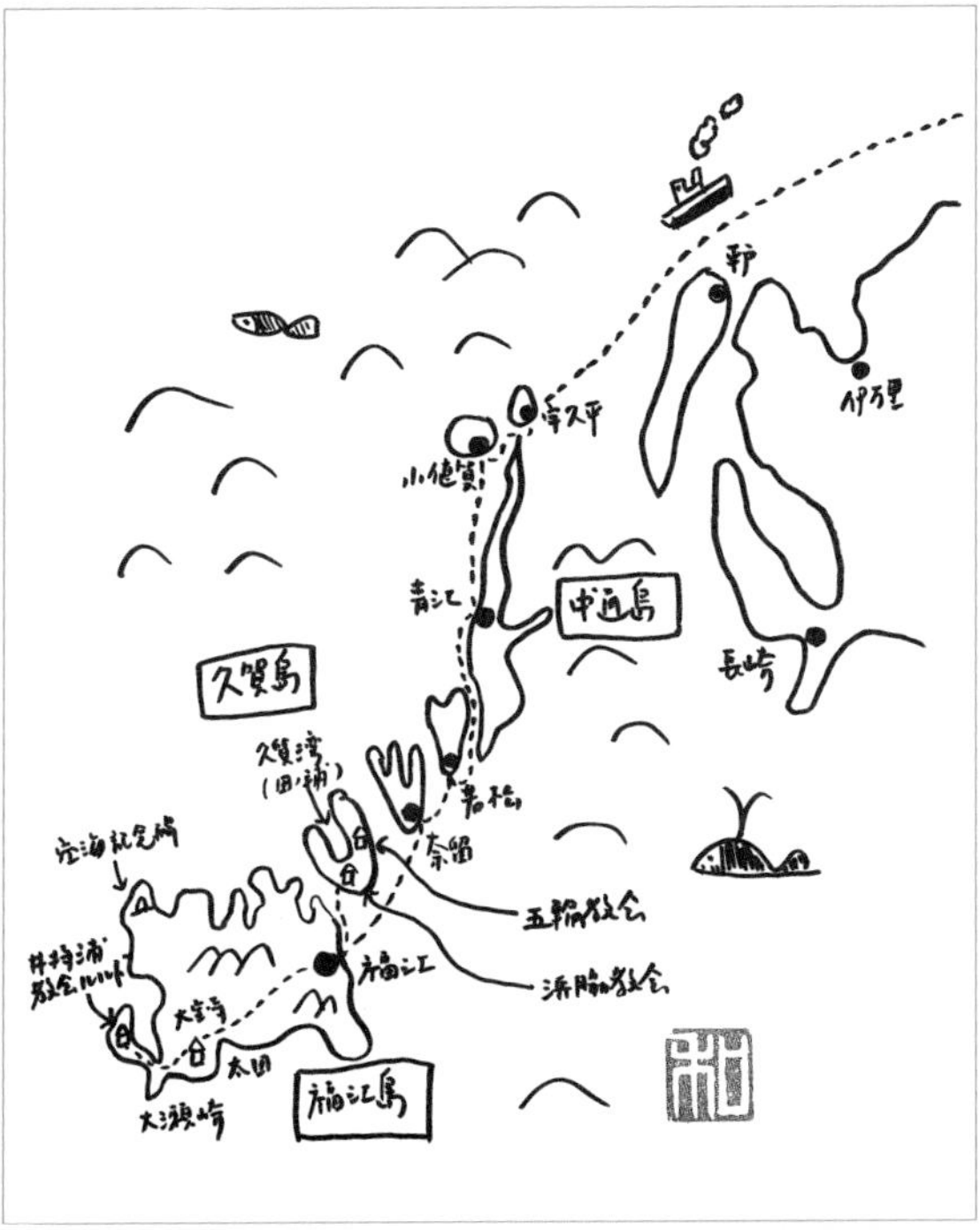

9月3日・木曜日

深夜、博多を出港、翌未明に

博多	23時30分
宇久《うく》島・宇久	翌4時20分
小値賀《おぢか》島・小値賀	5時00分
中通《なかどおり》島・青方	6時20分
若松島・若松	7時20分
奈留《なる》島・奈留	8時20分
福江島・福江	9時00分

「上五島中通島の青方港に入港」というアナウンスで目が覚めた。六時、まだ日の出前。右手に巨大な石油備蓄基地を見ながら、夜明け前の薄

中通島の日の出

暗い中、青方港に天才的な操船で着岸。そそくさと人と車を降ろしたと思うと、瞬く間に出港、これまた天才的な手際である。芸術である。

　港から東支那海に出たところで、中通島の山の稜線からの日の出を迎えた。早朝のやや冷たい潮風を顔に受けながら、次第に灰色からピンク、そして淡い水色に移りゆく初秋の空に見入る。穏やかな海路、九時、福江港着。

　福江島の西南のはずれ、太田という入江の小さな集落に大宝寺というお寺があり、門前には西の高野山との石碑がある。空海が唐から帰国の折、立ち寄ったという。一応、本堂の横に大師堂もあり、大師堂には中国風色彩感覚の派手な大師像が安置してある。境内には人影が全然ない。本堂にも勝手に上がって、お参りした。

　ここに至るまで、立派なトンネルと道路が貫く福江島の山中を縦断すること小一時間、ほとんど人と遭遇しない。まず道を歩く人を見ない。この小さな漁港の小学校の分校は廃校、その小さな校舎は、今は高齢者福祉センター、すなわちデイサービスになっている。過剰な公共工事、少子化、超高齢化、極端な過疎化、現代日本の縮図を見る。現実を実感する。

西の高野山大宝寺

公共投資以外にこれといった産業がないとタクシーの運転手は言う。国家財政を傾けるほどの、費用対効果を考えない巨額の投資をしても、地方経済はまったく活性化しない。かえって依存体質は強くなる。この五年、お遍路と称してさまよった四国の各地もそうだった。山の中、海のそば、瀬戸内海の島々、どこもそうだった。素人ながら、この先いったいどうなるのか、でも、どうするかの妙案もない、心配である。

などと、アルコールが入ると、団塊の世代はすぐこのような小難しい話を始めるから、もてないのである。と、慨嘆しながら飲むオフタイムのビールは

灯台守の大瀬崎

またうまい。映画「灯台守」の舞台となった大瀬崎の断崖に向かいつつ、地図を見ると、その近くに井持浦教会ルルドとある。ルルドとはなんぞや。さっそく寄ってみる。

ルルドとはカソリックの聖地の地名である。フランス南部、スペインとの国境・ピレネー山中にある。そこに湧く聖水をわざわざこの五島列島南端の井持浦教会まで持ってきて、教会の境内に湧く泉に注ぎ、その水で信者を祝福するという。ここで言うルルドとはその行為自体を言うらしい。五島列島にはいくつもカソリック教会があるが、数カ所に同様のルルドがあるという。無信心の我々には理解できないが、信仰心の発露であろう。

午後、福江から、目の前の久賀島に渡る。

司馬遼太郎の『空海の風景』によれば、「田ノ浦は、針金のように曲がった長い岬が、水溜りほどの入江をふかくかこんでいて、風浪をふせいでいる。この浦で水と食料を積み、船体の修理をしつつ、風を待つのである」という。

お顔優しきマリア様

下五島にルルドあり

来てみると、この記述のとおり、「コ」の字型のこの島には、今は久賀湾と呼ぶ細長い湾があり、昔からよい水が湧き、うまい米もとれ、避難港にもなるという。司馬が言うとおり、やはり空海たちはここから船出したのであろう。だからどうしたと言われれば、それまでであるが、疑問が解けた。わざわざ来た甲斐があった。

この久賀島もカソリックの影響が濃厚である。福江島を望む丘の上にある清楚な浜脇教会、歌手・五輪真弓の出身地の入江にある質素な木造の五輪教会、いずれも信者の人々のひたむきさが伝わってくる。

清々《すがすが》しい気持ちで福江港に戻り、港の入口の「うまや食堂」で東支那海産の刺身と五島うどんを賞味。刺身は新鮮、うどんは讃岐とは違った食感、うまい。

旅の終わりのビールはさらにうまかった。


（和）

深緑を背に白亜の教会

心にしみる
五輪教会

のどごしで食べる
五島うどん

最後の道場

高野山、そしてインドへ

最後の修行

［高野山］

平成21年11月4日・水曜日

十月のある日、畏友《いゆう》・清水君の長女夫妻が、玉のような男の赤ちゃんを見せにきてくれた。その秀信君は婿そっくり、嬉しさで婿の笑顔はくしゃくしゃである。

数日後、その清水君は外来受診後、いつものように事務室に入って来て、奥の応接室、通称「奥の院」の椅子に鎮座し、いつもどおり、当然の如くコーヒーを所望する。そして昼の検食用のハヤシライスを黙々と食べている私の耳元で、嬉しくてたまらない表情で、「どうだ、俺の孫はかわいいだろう!」と言う。確かにかわいいし、うらやましいが、返答を強要されることでもない。しかし、この小学校からの悪友の歓びはうらやましい。おまけに高野山へ娘の出産のお礼参りに行くから、同行せよと下命する。

五年間の長きにわたり、我々のお遍路に同行した掛け軸、八十八カ所のお寺さんのスタンプで埋まった掛け軸の中央、高野山奥の院の一カ所のみがまだ空白である。確かに画竜《がりよう》点睛《てんせい》を欠いている。さらに相棒まで「なるべく早くそこを埋めること、それは巡礼者の義務であろう」と、また意味不明のことを言う。

今回は時間がない。最後のスタンプをもらいに、突撃弾丸ツアーの高野山詣でとなる。どうやら一日の仕事のめどをつけて新幹線に飛び乗り、九時ごろ、大阪は南の「大阪アークホテル」に投宿。酔客でごったがえす南の繁華街を抜け、法善寺横丁の不動尊に参る。初老三人組、誠に色気がない。

酔眼朦朧法善寺

法善寺横丁
前夜祭

穴子の炭火焼き
酒にあう

いよいよ終着高野山

その門前の「銀○」という居酒屋で遅い夕食をとる。まず清水君、初孫誕生に乾杯。ここは大当たり。特に炭火で焼いた大阪湾の穴子は冷酒によく合った。美味。

11月5日・木曜日

早朝、高野山へ。南海電鉄の電車、ケーブルカー、バスを乗り継ぎ、正午、高野山は奥の院、正門に立つ。

ここは霊場、漂う空気が違う。

霊場には、織田信長、徳川吉宗など時の支配者もいれば、石田三成、明智光秀など不運にも敗れ去った者もいる。法然上人、親鸞聖人の菩提所から、多くの戦没者の慰霊碑、おびただしい庶民の石碑がある。ここはすべての人を許容する聖地である。

奥の院に参る。この凛とした空気、清々しい。

社務所で最後の朱印をいただく。一応、終わりであるが、なにかあっけない。

しかし、この地に立って感じるこの心の安らぎはなんであろうか。空海は、なぜこの場所を選択したのか。

せっかくすべてのスタンプをいただいた満願の掛け軸の表装を、ここ高野山で頼もうと、表装具店を数件訪れた。店々の主人の蘊蓄《うんちく》もすごいが、提示価格もすごい。結局あきらめ、遅い昼食をとろうと、高野豆腐でもと、小さい門前町を散策。

奥の院への杉並木

画竜点睛最後の朱印

結願の掛け軸を手にこの笑顔（和）

結願までに歳をとり（康）

「ハーブカリー」とかわいい字で書かれた張り紙に釣られて洋館風喫茶店に入る。店名から、天女のような心やさしき女性が、一週間は煮込んだとろとろの究極のカレーライスと少し渋めのモカ・コーヒーを出すことを夢想したところ、やはり理想と現実は常に乖離《かいり》する。昨日奥の院の裏山で摘んだというハーブを使った奇妙な味のルーは、万巻の言葉をもってしても形容し難い。ライスも軟かく、ラッキョも干からびている。女主人が、機関銃の如く娘の自慢話を続け、のどを通らない。口直しに注文したビールが、またどうしてというくらいぬるい。カモが来てホッとしたという表情の先客がそそくさと出ていった。これも最後の修行であろう。

初老三人高野山

金剛峯寺、金堂の紅葉は素晴らしかった。
再訪、相棒との共通認識とする。
新大阪駅の食堂の天丼は思いがけずうまかった。口直しになった。
深夜、博多着。
掛け軸の表装は地元の知人にお願いした。
そして後日、立派な一品となって送られてきた。
(和)

天女の味のハーブカリー

中国人もびっくりの僻地へ

[中国・寧波↓天台]

平成21年11月21日・土曜日

四国遍路をしていて、弘法大師・空海という人物に興味を持った。彼は、どうして唐に向かったのか。昨年は空海が横断した中原、今年の夏は彼が船出した最後の日本の地・福江、そして今回は、彼が踏破した福建の山中を経由し、からくも漂着した僻村へ至る道筋をたどることにした。

新型インフルエンザの流行である。私が校医をしている小学校は学級閉鎖が相次いでいる。半年前まで、まさか鳥や豚のウイルスが人間に感染するようになるとは、夢にも思わなかった。土曜日の診療を終え、十四時の中国東方航空機に搭乗。乗ってしまえば、たった一時間、東京より近い。ビールで乾杯する暇もなく、上海の浦東《プードン》空港に降り立つ。

夕暮れの上海は曇天、スモッグか。肌寒い。空港で待っていたのはガイドの洪玉梅さん。二十代後半、スタイルのいい、かわいい女性である。全行程、担当する由。上海と寧波の間に広がる杭州湾に最近できた杭州湾大橋を渡り、寧波へ。広大な空港、高規格の高速道路、三六キロの長大な渡海橋、確かに最近の中国の経済発展は目覚ましい。日本も意気消沈している暇はない。

寧波は昔からの海の玄関口、遣唐使船もここを目的地としていた。古い町並みの港町かと思っていたら、人口六百万、高層ビルが林立する大都会であった。

驟雨にかすむ寧波港

11月22日・日曜日

目覚めると、驟雨《しゅうう》。

ガイドの洪さんが、「こんな旅程は初めて。日本人は行かないよ。中国人も行かない。なにが目的ですか?」と聞く。「あまり見るとこないし、私も初めて行くとこばかり」、そして「二人は仏教関係者ですか?」と聞く。確かに、寧波では天童寺、天台では天台寺、福州では空海記念堂、寺尽くし。

人がいい相棒が、一生懸命、四国のお遍路のこと、そのルートを作ったのが日本から唐に渡った空海と

寧波郊外天童寺

いう僧であること、その空海がたどり着いたのが……と、延々と説明しているが、ガイドの洪君はほとんど理解できていない表情で、「要するに、行きたいいんですね。私もいろいろなものが食べられそうで楽しみです」と外交辞令を言う。

　ほとんど観光地らしいところがない浙江省南部から福建省の山間部を抜け、海岸に至り、最終目的地は福建省の僻地・霞《か》浦《ほ》県《けん》赤岸鎮《せきがんちん》というルート。十年前までは外国人に対して未開放地区であったところである。日本でいえば、岩手県の北上山脈の上閉伊《かみへい》郡宮守村から九戸《くのへ》郡《ぐん》軽米町《かるまいまち》へ抜けて、隣の青森県は下北半島、下北郡大浜町釣屋浜へ行く道筋といった感じか。確かに、もの好きである。手配してくれた日本の旅行社JTB、中国の浙江東方海外旅游有限公司の努力に感謝。

　まずは、寧波郊外の天童寺。由緒正しい、なかなか趣のあるお寺さんであった。日本の越前・永平寺を建立した、曹洞宗の開祖・道元の留学先である。

中国のお寺さんは極彩色、どこも構造はほぼ同じであった。天童寺もしかり。最初のお堂の入口には、金色の肥満体の布袋さんが鎮座、両脇に仏法の守護神・四天王が立ち、出口には金色の偉駄天。そこを抜けると、香炉のある小広場があり、本堂に続く。そこの中央には釈尊像、左右に二人の弟子。すべて黄金色に輝いている。それを五百羅漢像が取り囲み、釈尊像の裏面には鯰《なまず》を踏みつけて立つ、これまた金色に輝く観音像である。

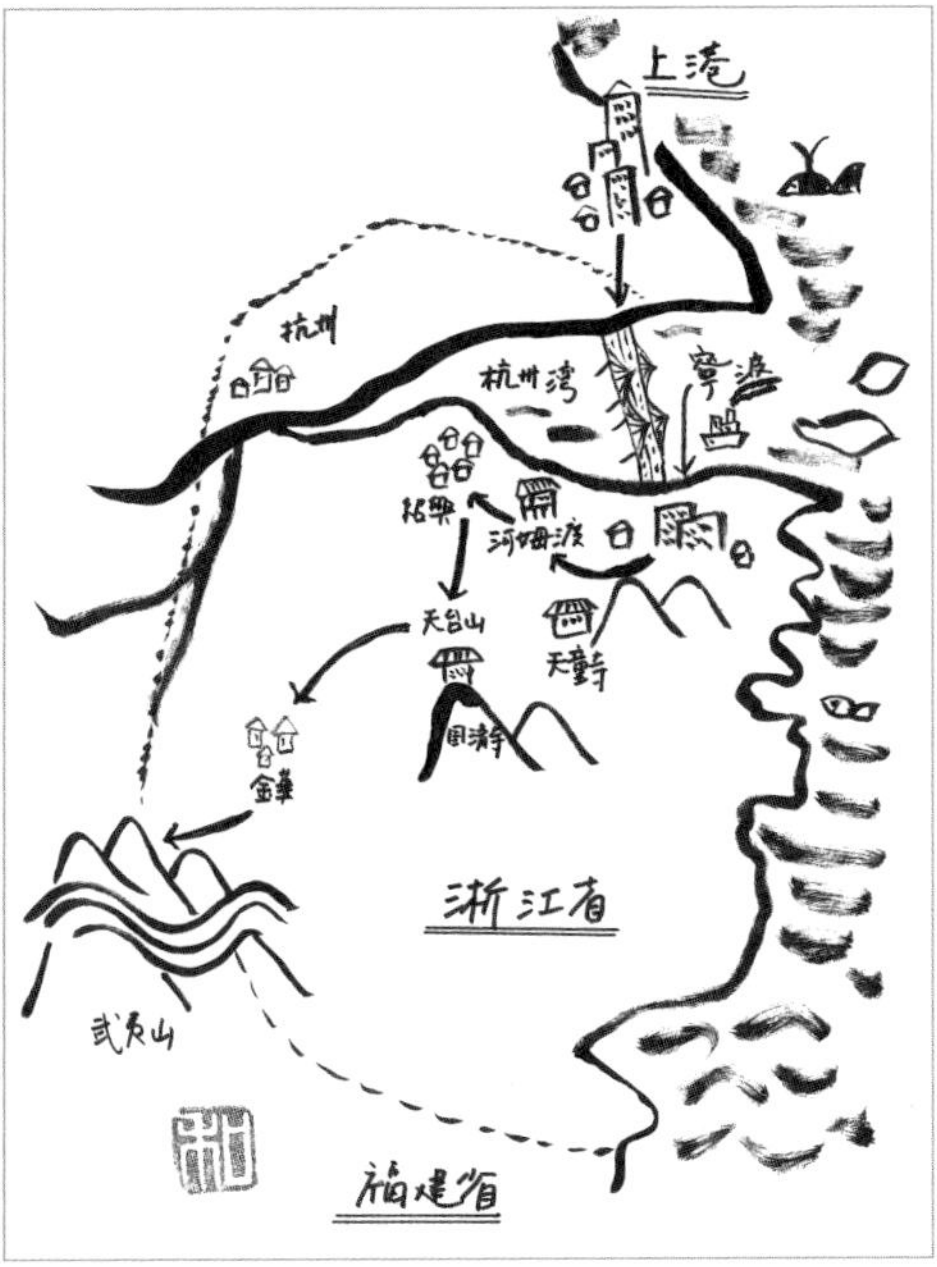

永遠なるもの、尊いものはいつも色鮮やかにして褪《あ》せず、光り輝くものとする。不遜だと思うが、仏像の表情もなにか幼稚で漫画チックであり、あまり日本人にはありがたみを感じさせない。日本の京都や奈良の寺々の、金箔が剝落し古錆びた仏像のほうがなにか神々しい。国宝の阿修羅像、唐招提寺の鑑真像の表情、特にあの透きとおりすべてを達観した眼が、

足下に鯰観音様

スピリチュアルでいい。しかし、最後に訪れた純日本的な空海記念堂では、ガイド曰く、漆黒の和式の仏壇や白木の仏像はおとなしすぎて、中国人にとっては物足りないと。民族的な感性の違いである。

午後、寧波から紹興《しょうこう》への途中、河姆《かぼ》渡《と》遺跡へ。

ここは稲作の始まり、日本の稲作のルーツ。稲作は朝鮮半島南部経由で日本列島へ伝来した。約三千年前のことだという。人類は米という安定的な食物を手に入れてから人口が爆発した。

そのころは地球全体の平均温度が今より四、五度高かったらしい。当時、このあたりもゾウやサイが生息していたというから、かなり暖かかった。地勢的には現在は内陸であるが、当時は現在よりもかなり海水面が高く、このあたりは海岸に近い入江であり、河口の汽水域に接した潟のようなところだったとのこと。

政治形態は太陽神を祀る部族社会、祭儀は巫女《みこ》が支配、生計は稲作＋沿岸漁業＋狩猟、原始的な家畜、イヌやイノシシを飼育、建物は茅葺《かやぶき》、高床式、衣服は貫頭服、勾玉《まがたま》のような装飾品もある。日本の弥生時代、卑弥呼が支配した邪馬台国を彷彿とさせる内容である。

そして、あるとき、大洪水に見舞われ、村は放棄される。

一瞬、佐賀県神埼町《かんざき》のクリークが走る田園地帯かと錯覚した。遠くに脊振山系のようななだらかな緑濃き山並み、眼前は水草繁茂するまったりした緑色の湖水、湖面ではガチョウや渡り鳥が餌をあさっている。どう見ても日本の農村である。

河姆渡と邪馬台ほぼ姉妹

洪水で農地が流され、稲作が不可能となれば、ほかに適地を求めるだろう。また人口が増えれば、やはり別天地を求めるに違いない。実際、周辺には、そのような稲作の遺跡が散在する。中には未知なる楽園を求める冒険心のある連中がいて、種籾《たねもみ》を手に船出した。稲作だけが日本まで渡ってきたのではなく、稲作とともに、人も当然、東支那海、玄界灘の波濤を渡ってきたのであろう。

夕刻、水の都・紹興着。なかなか風情があり、柳

屋台ひやかし夜はふける

地元名物河魚

もちろん酒は紹興酒

川のような町である。中国の代表的な作家・魯迅が好んだという「咸亨《かんきょう》酒家」で、当地名物の河魚料理と、もちろん紹興酒で遅い夕餐をとる。

11月23日・月曜日

快晴。今日は一日、ほぼ車で移動。紹興郊外にある治水の神様・禹《う》を祀る大禹陵を観て、一路天台山へ。

紹興から高速道路で嵊州《じょうしゅう》、新昌、天台、金華、そこから夜行列車の由。

日本人にとってほとんど名も知らない人口四十万－五十万台の大きな町々を、片道三－四車線の高規格高速道路が、団子を串刺しにするように走っている。車窓からは林立する高層ビル、進出した日本企業の多くの工場群も遠望できる。

沿岸部に近い当地、浙江省南部は中国経済の牽引役であり、その主役はこのあたりの浙江商人だという。日本の近江商人と同様、浙江商人は昔から商売上手。上海、寧波が大阪、京都とすると、ここらあたりが滋賀県の近江八幡という関係になるらしい。都会で一旗あげて、故郷に錦を飾る。父母の邸宅として街中に高楼を構える、裕福な地方だという。人間の心理、行動のパターンはいずこも同じである。

治水の神様大禹陵

鰻の蒲焼き豆腐なり

至る所に豆腐料理

　昼過ぎ、天台山着。まずは「天台山ホテル」という田舎には場違いな瀟洒なリゾートホテルで精進料理。鰻の蒲焼かと思ったら豆腐だった。豆腐を使ってまで鰻もどきを食いたい、人間の欲は深い。それを肴に般若湯、昼のビールはなおうまい。

　天台山国清寺は、深山幽谷、天台山中の古刹であった。ここには

天台山国清寺

小僧はだれかに携帯電話

天台宗の開祖、比叡山に延暦寺を建立した最澄が国費留学生として滞在した。彼は、空海らと同じ遣唐使船団で渡海。空海は第一船、最澄は第二船であった。両者とも嵐で九死に一生、生き残る。奇縁である。

　高速道路をぶっ飛ばして、夕刻、金華にどうにか到着。ここは昔から中国料理の主役・豚肉の産地で、そのハムが名産だとのこと。

　元来中国人は赤い色が好き、かつ中国はこんな地方でも好景気、そして高層ビルが林立。あふれんばかりの赤いネオンで眩しい街を後に、武夷山《ぶいさん》への夜汽車に乗る。

（和）

11月24日・火曜日

早朝、世界遺産・武夷山に着く。山水画の舞台である。岩壁をよじ登り、朝霧に浮かぶ奇岩群に驚く。岩肌に育つというこの地の特産のお茶・岩茶を賞味後、福建省の山間部を横断、一路海岸部へ向かう。

今日も一日、車の旅、ひたすら中国の高速道路を視察する旅である。球磨川のような深い渓谷を縫い、九州山地のような険しい山々を穿《うが》ち、延々と高規格の道路が続く。中国では民間会社が経営し、すでに日本の約五倍の距離、さらに延伸中だそうである。

夜汽車女の一人旅

四方八方高速道路

福建省は、もともと山の建州、海の福州の二地域からなり、前者の中心・建甌《けんおう》市、後者の福州市の間を、閩江《びんこう》という河が、険しい山襞《やまひだ》を縫うように流れている。この河は昔から山と海を結ぶ水運路だったそうで、その河岸に官道が通っていた。見た限り、この峨々《がが》たる峰々の羊腸の山道を歩くよりは、舟のほうが楽であろう。空海らも水路を利用したと思う。

昼ごろ、建州の首都・建甌市到着。町並みは貧しく、市内には昔ながらの原付三輪車のタクシーが走り、人だけは多い。昨日の沿岸部の都市とは様変わりである。中国の内陸部

世界遺産の武夷の山

閩江の源流水清し

と沿海部の経済格差を実感。

中国では、このような山中でも生簀《いけす》料理が大流行。上海でも、寧波でも、紹興でも、生簀の生きた魚を指名して、料理の仕方は並んだプラスチック製のサンプルを見てオーダーする。水槽の底に鎮座して、諦観《ていかん》の目でこちらを睨んでいる、おでこの広い魚（鯛？）のふてくされた表情が胸を打つ。また、このような田舎に来ると、中国料理も、味は日頃慣れている日本風中華料理とまったく違う。闇鍋《やみなべ》風海鮮鍋が今日のメイン。辛く、苦く、甘く、酸っぱい、あの表現し難い味のダシは、一体なんだったろうか。

約十時間、約七〇〇キロを走破、深夜、霞浦県赤岸鎮の旅荘「霞浦珠島大酒店」に投宿。赤や黄色のネオンが眩しいホテルであった。

生簀料理が
大流行

闇鍋不気味
手がつかず

11月25日・水曜日

秋晴れである。いよいよ、この旅の最終目的地である。とんでもない田舎と予想していたが、ホテルの窓から見ると、結構大都会、ビル建築ラッシュ。昔は僻地の漁村、海賊の巣窟でもあったというこの霞浦市は、今や人口二十万、発展する沿岸部の交通の要所となり、来年は上海と広州を結ぶ新幹線が町を通るという。

まず町の山手にある、空海が上陸時に参拝したという建善寺を訪問。ご丁寧にも大師堂が建立されていて、日本からの弘法大師像が安置されていた。境内に並ぶ菊の鉢植えが見事だった。

空海記念堂へ向かう。あたり一面、水田や蓮根《れんこん》畑、海老の養殖場になっている湿地の高台に、白壁に黒い柱の日本風のお堂が建っていた。そして、端正な空海像に面会、来訪を報告する。お堂の前の石畳一面に籾殻の天日干し、周囲の木立の雀がかしましい。筑後平野のどこにでもあるような、平凡な田園の風景であった。

さらに、空海らの上陸した海岸へ向かう。そこはまた有明海にそっくりの一面の潟であった。

霞浦はビルラッシュ

一面の干潟赤岸鎮

ようやく着いた。確かに遠かった。

延暦二十三（八〇四）年八月十日、からくも唐の僻地に漂着した空海は、遣唐使団長・藤原葛野磨呂に代わって、同国への入国許可の申請書、「大使の福州の観察使に与ふるがための書」を起草し、当時のこの地方の行政長官であった福州刺史・閻済美に提出した。その中の一節、漂着のときの喜びを、空海はこう記す。

暴風穿帆　状風折舵　頻蹙猛風　待葬鼉口
任風南北　但見天水之碧色　豈視山谷之白霧
掣々波上　二月有余　水尽人疲　海長陸遠
僅八月初日　乍見雲峯　欣悦罔極　過赤子之得母
越旱苗之遇霖　万冒死波　再見生日
是則　聖徳之所致也　非我力之所能也

ひどい嵐におそわれて　舵は壊れて帆は破れ
風の吹くまま北南　見えるはひたすら空と海
二カ月あまりも波の上　いつ海亀の餌となるか
八月はじめのある朝に　はるかに望む雲の峰
赤子が母を得る如く　日照りに雨が降る如く
九死に一生助かった　神のご加護に違いない

（牟田意訳）

司馬遼太郎は『空海の風景』（中公文庫、一九九四年）に、空海が漂着した土地の情景を以下のように描写する。

山が、わずかに点在する海岸を圧倒し、奥《いりえ》にはまれに漁船がつながれている。ところどころに、蜑人《あまびと》の住む粗末な家がみられた。かれらの言語は、訳語の聴きおぼえぬもので、意志を言葉で通じさせるわけにはゆかなかった。はじめは手まねなどして文字を知っている者のところへ案内させたのであろう。ようやく、この漂流地が、福州長渓県赤岸鎮の付近であることを彼らは知った。

菊花が薫る建善寺

空海坊山門尼僧二人

はるばる到れり空海堂

また、ひろさちやは『空海入門』（中公文庫、一九九八年）に、

赤岸鎮は辺彊《へんきょう》の地である。俗に「閩」と呼ばれている越族の一派の閩越人の土地である。唐代になって、漢民族が少し入って来たへき地なのだ。だから、言葉も通じない。

と記述している。

山が迫り、リアス式に海岸線が入り組んで交通が極めて不便であったこのあたりは、ほんの最近まで、入江一つ、山一つ越すと、隣同士の村で言葉が通じないほど方言が多く、生活習慣まで違っていたというから、空海が到着した約千年前、中央政府の統治は遠く及んでいなかった。

最初は海賊と疑われて、炎天下の砂浜に留め置かれ、この地に留まること三カ月、そして我々の逆コースをたどり、険しい峰々を越え江南へ、さらに旅を続けて二カ月余り、やっとその年の終わりに長安着、それはそれは、大変な苦難であったろう。

午後、福建省の省都・福州へ。ここは人口五百万余の近代的な大都会、最近の中国沿岸部の経済的な好調さを象徴するような、活力のある街であった。

11月26日・木曜日

早朝、福州から上海へ戻る。

空港でガイドの洪さん、安堵の表情で曰く。「最初、変わった旅程見て、小うるさい人かと心配していたね。まあ、まともな人でよかった。私もなかなか行けないところに行けて勉強になったよ。これからは二人とも、歳を考えてお酒を飲むことね。わかった?」と、小生の娘みたいなことを言う。

温かい忠告を背に、帰国した。(和)

端整な顔立ち弘法大師

釈尊入滅の地で思う

［インド・クシーナガル］

四国八十八所巡りも一応結願。

巡礼を体験した我々にとって、その原点の探索は必須の要件である。最後の〆は、やはり、インドということになった。

釈尊は八十代半ば、自分の体力の限界を実感する。約二五〇〇年前、平均寿命が二十歳ぐらいであった当時としては、釈尊は極めて長寿であった。

いよいよ自分の寿命が尽きんことを自覚した釈尊は、晩年住んでいたマガダ国の都・ラージギール（王舎城）から、ヒマラヤ山脈のふもとにある生まれ故郷のルンビニーまで最後の遊行の旅に出た。その途中体調を壊し、クシーナガルという田舎町で入滅する。

今回、釈尊が入滅したクシーナガルから、悟りを開いたブッダガヤ、教えを説いたヴァーラーナシー、サールナート（鹿野苑《ろくやおん》）、ギッジャクータ（霊鷲山《りょうじゅせん》）を経由し、晩年の住まいの竹林精舎のあったラージギールまで、彼の最期の遊行の旅の逆コースをたどり、彼の遺徳を体感する巡礼の旅に出た。

平成22年2月7日・日曜日

午後十一時、すでに四時間以上、ニューデリー近郊のツンドラという駅で夜汽車を待っている。本来なら六時二十五分発の列車は、まだ来そうにない。何本も後発の列車が通過していく。なんのアナウンスもない。客も当然のことのように、泰然として待っている。やはり大陸的である。

ひたすら駅で汽車を待つ

薄暗いプラットホームの天井の横木が鳥のねぐらになっており、夜、帰還した鳥たちが鈴なりになって、日中の出来事を報告し合っているのであろう、なにしろうるさい。時々、眼下の乗客に糞便を垂れ、それが列車の遅延にいらだつ日本人二人に運悪く集中する。この野郎！　である。

そして、この四時間、我々の前に物乞いの爺さんと孫の二人組がジーッと座って動かない。孫が黙って右手を出している。弱る獲物を前にした禿鷹《はげたか》の如く動かない。傍を通る乗客、駅員は誰一人見向きもしない。同行のガイドも彼の網膜にその二人の存在が映っていないかの如くに無視。このような場末の駅で一日中物乞いをして、稼ぎはいくらあるのか。そこに突然、異邦人二人、彼らにとってこれは今日最大のターゲットか。

この二人組、ひょっとしたら今日一日収入がなかったのではないか、飯は食ったのかな、などと、心やさしい東洋人は心動かされる。しかし、ここは根競べ、払わないこととする。なにしろ、インドに来て仰天するのは物乞いの多さである。どこに行ってもいる、どこへ行こうがついてくる、一回払っても、まだついてくる、何度払ってもついてくる、際限がない。

街の店に入ると、これまたすさまじい販売攻勢に遭遇する。辟易《へきえき》するほどの金品への執着である。とにかくインドの人はしぶとい。

突然、孫が立ち上がり、背伸びした。そのはずみに財布を落とした。思いのほか立派な財布に見えた。やさしい相棒がそれを注意しようとした。するとガイドは間髪を入れず我々の背後に置いてあった荷物を注視した。あとでガイドが言うには、わざと目を引くことをして、その間にスリや置き引きをすることがあるから注意しろとのこと。

ようやくあきらめて二人組は腰を上げ、孫は爺さんの手を引いて立ち去った。インドの現実に呆然と見入っていると、ようやく、乗車予定の五七〇八列車が入線してきた。

2月8日・月曜日

約半日の長い列車旅であった。五時間遅れ、ネパールとの国境に近いゴーラクプルという町に着く。ここら一帯は、ガンジス河が貫流するヒンドスタン平野のど真ん中、ディープ・インド、最も古くからヒンディーが住み、インドの文化、宗教を形成した地域である。

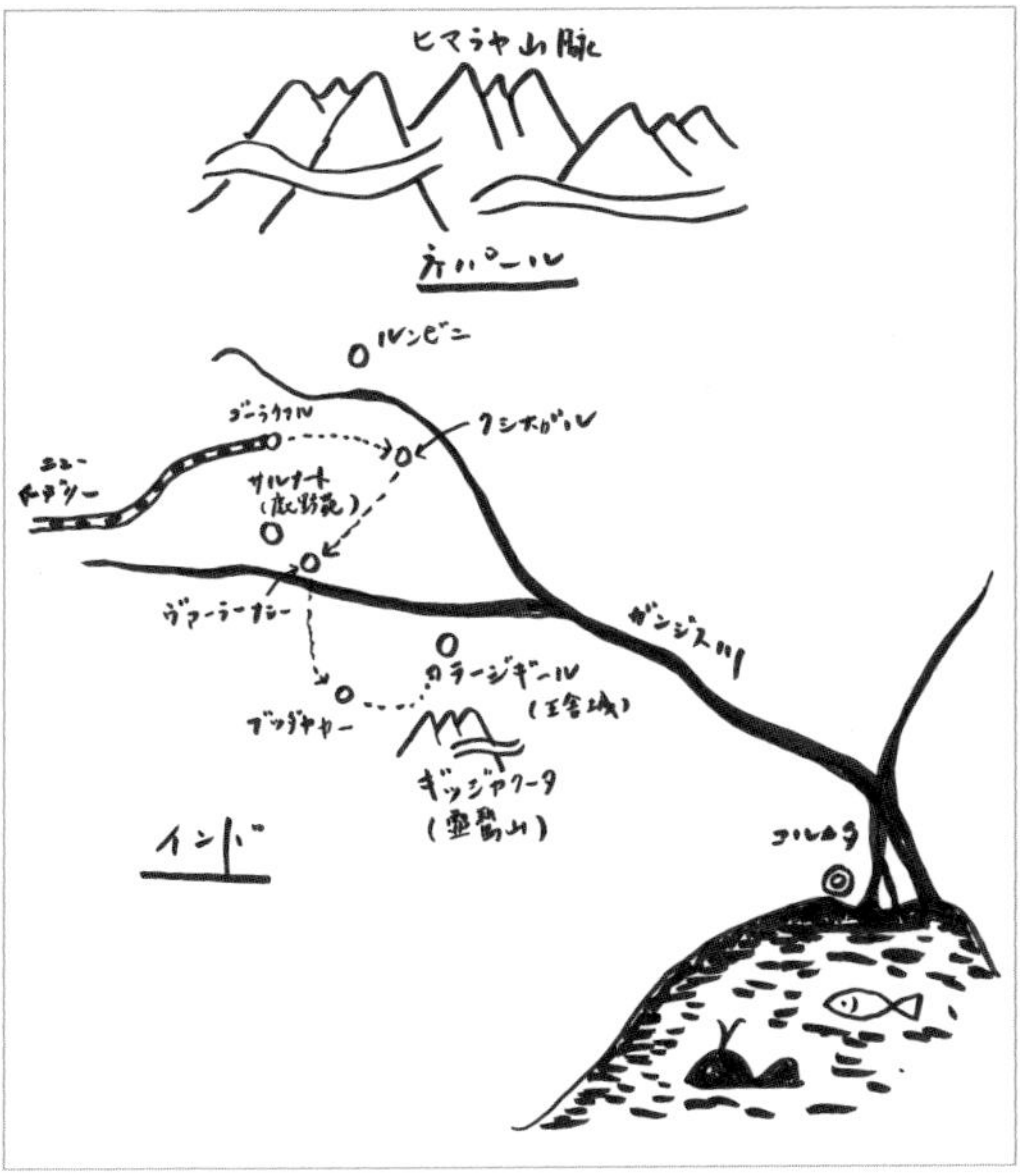

　豆カレー、バターナン、チャイの遅い朝食をとる。香料入りインド風ミルクティであるチャイは、インド国中どこで飲んでもうまい。食後、さっそくクシーナガルへ向かう。インドの二月は乾期、寒からず、暑からず、日本の五月くらいの心地よい気候である。一面の菜の花畑を車で約二時間、昼過ぎ、釈尊が入滅した聖地・クシーナガルに着く。

　さっそく釈尊廟を参拝、そして約一〇メートルの黄金に輝く釈尊の涅槃像

クシナーガル釈尊廟

に対面。考えたら、よくぞここまで来たものである。メタボ対策で始めた四国お遍路が昂じて、その卒業旅行と称してついにはここまで来てしまった。

釈尊は、若い従者アーナンダを連れ、生まれ故郷ルンビニーに向かう途中、クシーナガルの手前の村・パーヴァーで、チュンダという鍛冶工から饗応を受ける。豚肉とキノコの料理だったという。そして激しい下血をともなう食中毒を罹患《りかん》する。

中村元『ブッダ最後の旅　大パリニッバーナ経』（岩波文庫、一九八〇年）には、

釈尊は鍛冶工の子チュンダの食物を食べられたとき、激しい病が起り、赤い血が迸《ほとばし》り出る、死に至らんとする激しい苦痛が生じた。釈尊は実に正しく念《おも》い、よく気をおちつけて、悩まされることなく、その苦痛を耐え忍んだ。

とある。

当時のインド大陸の環境では、食中毒は日常的なことであり、少量の出血をともなう赤痢や腸チフスは見慣れた光景であったろうから、教典に「赤い血が迸しり出る」とわざわざ記載したということは、よほどひどい消化管出血であったのだろう。

それでも、生まれ故郷のルンビニーへの遊行を続けようとするが、その途上、

「アーナンダよ。私に水を持ってきてくれ。私は、のどが渇いている。アーナンダよ。私は飲みたいのだ」

と、再三のどの渇きを訴え、水を要求する。

小生も医師のはしくれ、釈尊の臨床経過を現代医学的に解析すると、
①豚肉とキノコを食べた後に症状が起きている
②釈尊のみに発症し、ほかに発病した者がいない
③初発症状は、激しい下血をともなう下痢である
④続発して、強い脱水症状を起こしている
⑤脱水から次第に衰弱し、全身状態が非常に悪化した
という経過をたどっている。

この臨床経過を検討するに、以下のように考察できる。

なにかなつかしきこの風景

ⓐもしキノコ中毒であれば集団的に発症し、釈尊だけでなく、他人にも発症しているはずである
ⓑキノコ中毒では精神や神経の症状が多く、下血などの消化管出血はあまりない
ⓒ当時の不潔な環境での食材の処理や保管では、細菌性食中毒の可能性が強い
ⓓ細菌性食中毒のうち、伝染性の強い赤痢、コレラ、腸チフスのようなものであれば、集団発生している可能性が高い
ⓔ高齢者の釈尊のみに激しい消化管出血をともなう下痢を主症状として発症し、以後著明な脱水症状を起こしている

などの点から、抵抗力の低い高齢者や小児に多発し、多量の腸管出血をともなう下痢が特徴で、重篤な腎障害を起しやすく、そして予後が悪い、腸管出血性大腸菌などによる細菌性食中毒が最も考えやすい。

そしてクシーナガルまでたどり着いたとき、いよいよ動けなくなる。

「さあ、アーナンダよ。私のために、二本並んだ沙羅双樹《さらそうじゅ》の間に、頭を北に向けて床を用意してくれ。アーナンダよ。私は疲れた。横になりたい」

と言い、釈尊は右脇を下につけて、足の上に足を重ねて北を頭に横臥《おうが》し、家の戸の横木に寄りかかって泣いているアーナンダに向かって、

平原一面菜の花畑

「お前はよいことをしてくれた」

とねぎらい、立ち会った人々へ、世に絶対不変なるものなく、世は常に変化すると「諸行無常」を、心の安定のためには常に正しき行いをすべきと「八正道」を、そして世の事象は常に自分で判断すべきと「自帰依」を最後まで説き、

「もろもろの事象は過ぎ去るものである。怠ることなく修行を完成しなさい」

という言葉を残し、静かに入滅する。

釈尊の涅槃像の周りは、各国からの巡礼者でいっぱいである。タイ、ミャンマー、スリランカ、小乗仏教諸国からの巡礼者が多い。最近、日本人は減っ

黄金の涅槃仏
お百度参り

すべて達観
お釈迦様

たそうである。サリー姿のスリランカ人の女性がお経を唱えながら、涅槃像の周囲でお百度参りをしている。

仏教は、その発祥国であるインドにおいては八世紀ごろにほぼ衰退・絶滅し、現在、仏教徒は極少数、小数点以下とのこと。ガイドの解説によれば、仏教はヒンズー教から発生したが、その根本原理のカースト制度を否定していたこと、そして非暴力主義のためイスラム教勢力のインド大陸進出に対し無力で徹底的に破壊されたこと、などが最大の理由であるという。

果たしてそれだけだろうか。それだけではまったく信仰が絶滅し、その遺跡が観光名所に変貌した理由としては弱い感じがする。

やはり、すべての事象はその条件に適したもののみが存続すると仮定すると、釈尊の教えはインド大陸に住む人々には本音のところで性に合わなかったのではないかと思う。輪廻転生という思考、根本原理（ブラフマン）を考え出すほど自我（アートマン）の永続的存続を期待し、そして金品を含むあらゆる事象に執着が強いインド大陸の人々にとって、世は諸行無常なりと規定し、物欲のみならず自己の存在まで、すべてのものに対する執着を捨てよと言い、そして万物に対する慈悲を説く釈尊の教えはやさし過ぎたのではないだろうか、というのが、このインドの土地に来ての感想である。

などと独断的な文明論をクロスファイアーしながら、昼間から相棒と飲むキングフィッシャーというインドのビールはうまい。日本のラガービールに似た苦味がのどに快い。インドはどこに行ってもこのビールしかない。この味がインド人に最も合うのであろう。これも適者必生の法則によるものか。

（和）

今は公園仏舎利塔

清濁あわせのむカオスの世界

［インド・ワーラーナシー］

平成22年2月9日・火曜日

ワーラーナシー（ベナレス）は三千年以上の歴史を有し、ヒンドゥー教徒にとって聖なる町である。ここワーラーナシーの母なる大河ガンガー（ガンジス河）で沐浴《もくよく》するのはヒンドゥー教徒の一生の夢だそうだ。実際、インドのヒンドゥー教徒は別にガンガーでなくとも、たとえばそれが公園の小さな池であろうと早朝の沐浴をする。泥水であろうがゴミが浮かんでいようが気にしない。我々から見るととんでもなく汚いのを気にせずに沐浴するのを眺めながら、人はどこまで不潔を許容できるのか、そもそも人間にとって清潔、不潔の概念とは何なのか考えてしまった。常識だと思っていることが覆されてしまうと、今まで常識であるがゆえに考えなくても済んだことが、価値観の再構築のためにあれこれ考えずにいられない。インドは人に考えることを強いるという。哲学の国といわれる所以《ゆえん》か。

早朝六時、早速ガンガーに行ってみる。河岸から川面までガートと呼ばれる階段状の設備が設えてあり、それが数キロにわたって連なっている。背後に沐浴者のための安宿がずらりと並んでいる。河岸の所々にはまた、遺体を火葬する場所もあり、すでに煙が上っている。沐浴風景を船から眺めようと観光用の小舟が川面に浮かぶ。

ガートでは三々五々集まってきた老若男女が、河に入り、口をすすぎ、なかには頭まで浸かって沐浴し、祈っている。しかし今の時期は気温が低く、沐浴するにはいささか冷たいのか人数は少ない。それは、現実には沐浴が祈りと納涼とを兼ねていることを示している。やはり人は現世的な都合を優先するのであろう。

沐浴する人々のすぐ横では遺体が焼かれ、その灰が川に撒かれている。なにか布にくるまれたものも川面を漂っている。だが誰もそんなものを気にしていない。一心に祈っている。

対岸から朝日が昇りはじめた。皆、太陽に向かって礼拝しながら水をかぶる。対岸はと見ても何もない。沐浴するのは河のこちら側であって、ガートや建物が延々と連なっているが、向こう岸は建物一つ

ひたすら沐浴老若男女

河面にただよう浮き燈明

ガンジスの西は彼岸なり

なく、人一人いるわけでもない。みごとに何もない。ただぼんやりとした黒い地面が広がるだけである。川幅はさほど広くなく、ボートですぐに渡れる距離。行ってみる人もいるが、何もないのですぐに戻ってくる。これはまさに彼岸だと思った。三途の川を渡った先が彼岸、先にずっと歩いてゆくとあの世に通じているのではなかろうか。東向きというのが気になるが……。

こころゆくまで眺めた後、ガートから町に抜けるのにくねった細い路地を歩く。人一人やっと通れるような路地にもかかわらず、かごにお土産の品物を並べた物売りが声をかけてくる。

曲がり角の狭い礎石の上に、膝を組んでほとんど裸の老人が座っている。全身に灰を塗り、顔には顔料で模様が描いてある。髪も髭も伸ばし放題、赤や黄色の花でこしらえた帽子のようなものをかぶり、やはり花の長い首飾りをかけている。修行者らしい。瞑想している奇怪な姿を見ていたら、体を揺らした拍子に目を開けたので偶然目線が合った。思わずカメラを見せて「ＯＫ？」ときくとだまってうなずく。修行の邪魔をしないように一枚だけ撮らせてもらった。

朝靄の街荷車ばかり

そのまま帰ろうとすると、いきなり腕を伸ばし、目の前に空き缶を突き出してきた。中には数枚の硬貨が入っている。「そういうことか」と相手の顔を見ると、彼も「そういうことよ」といわんばかりに笑っている。これは一本取られたと思いながら、小銭を払った。こんなことなら遠慮せずにもっと撮ればよかった。ガイドの話ではあれは本物の行者ではなく、観光客目当ての商売だそう。いや、インドの庶民もしたたかである。

釈尊はブッダガヤの菩提樹の下で悟りを開いた。その教えを最初に説く相手として選んだのは、かつて釈尊とともに修行し、今はサールナート（鹿野苑）という所にいる五人の修行者だったという。そのため彼はブッダガヤからサールナートまで「犀の角のようにただ一人」二五〇キロを歩いた。涼しい時期ならともかく、炎暑のインドでは歩くこと自体が修行であろう。

神の使いが街闊歩

祝福授ける偽聖者

余談だが、この「犀の角のようにただ一人歩く」という比喩的表現には、言葉の原初的エネルギーが感じられないだろうか。ヒトが言葉を持って数万年というから釈尊の時代は原初とはいえまいが、まだ言葉が生まれて間もない時代を髣髴《ほうふつ》とさせる素朴さと力強さを持った言い回しであるように思う。閑話休題。

サールナートの仏舎利塔

サールナートはワーラーナシーから一〇キロ程度、さほど遠くない。訪れてみると広い公園のような場所であった。なだらかにうねった芝生の所々に大樹が枝を広げ、その下では巡礼らしき者が休んでいる。あちこちにかつての建物の痕跡が残る。高みには風化してはいるがレンガ造りの巨大なストゥーパがあり、まだ完全には威容を失ってはいない。その下で大勢の人が祈りながらまわりを回っている。あたり一帯にはゆったりとした時間が流れ、所々を緩やかに歩む袈裟《けさ》をまとった僧の姿が印象的である。

鹿野苑というからには当時は多数の鹿がいたのだろうが、今は敷地の一角に何頭かが申し訳程度に囲

様々な国からお百度参り

われているだけである。野に遊ぶ鹿とともに思索と勉学の日々を過ごすというイメージを勝手に抱いていたが、鹿に関してはいささか期待はずれ。まだ東大寺を擁する奈良公園のほうがそれらしい。釈尊はここで八正道と四聖諦という教えを説いたという。

しかしこの樹の大きさはどうだ、昔、インドの映画で「大地の歌」、「大河の歌」、「大樹の歌」というのがあったが、大地、大河、大樹こそまさにインドのイメージだと思う。特にインドの樹の大きさには感嘆の念を禁じえない。日本にも山中に杉などの大木があるが幹の太さは比較にならないし、それほどの大木が町の中の随所に見られることがインドの特徴である。大樹の根元にはたいてい誰かが売り物を並べ露天を開いている。なかなか絵になる光景である。大きく葉を繁らせた木は日よけや雨よけにもってこいなのだろう。大樹は菩提樹が多いようだ。

サールナートの清浄とバナルシーの喧騒との落差を思うと、清濁あわせのむインドのカオス、混沌というような言葉を思い浮かべざるを得なかった。

（康）

郷に入らば郷に従え

［インド・ブッダガヤ］

平成22年2月2月10日・水曜日

ワーラーナシーからインド縦断道路をブッダガヤへ向かう。首都・ニューデリーと東インドの中心都市・コルカタを結ぶ大動脈、いわばインドの国道一号線であるが、まあのんびりした田舎道で、八女あたりの田園地帯の県道の風情である。

ヒンドスタン平野は大平原、春霞、見渡す限り菜の花の絨毯《じゅうたん》、その中の一本道である。荷馬車あり、超すし詰め状態の軽三輪あり、極彩色のトラックあり、なかなか面白い。のどかな春の日差しの中、路肩には、水桶を頭に乗せたサリー姿の農婦から、制服姿の小学生、中には素っ裸のジャイナ教（徹底的な不殺傷を説

大渋滞もこれ日常

仏教の聖地ブッタガヤ

くインドの宗教）の修行者、そして牛、羊、アヒルまで、さまざまな生物が行き来する。

町に入ると、とたんに人の海に突入し大渋滞。信号があろうがなかろうが、車と車の間に隙間があれば大小さまざまな車から、バイク、人力車、はたまたヤギまで侵入してくる。すべて無秩序、交通警察官もやる気がないのか、達観しているのか、成り行き任せ。インド大陸では、なにしろすべてのものが、自分の目的のために、自分勝手に生きている、としか思えない。カオスである。

暇つぶしに聞くｉＰｏｄの井上陽水の脈絡のない歌詞が不思議と車窓の光景と合う。これが、過去、現在、未来、連綿と続くインドの情景か。

陽水の歌が滲み入る春印度

菜の花や印度は全てカオスなり
旅はるか涅槃の里にたどりつき

昼過ぎ、いよいよブッダガヤ、釈尊が悟ったという聖地である。

釈尊はカピラ国の王子としてなに一つ不自由のない生活をしていた。人が日々の生活に苦しみ、次第に老い、病み、そして死んでいく「生老病死」を見て、人生とは、自己の存在とは、という人間にとっての命題に対する解答を求め、二十九歳のとき、突然出家する。以後六年間、インド大陸の各地をさまよい、さまざまな賢人、修行者に教えを乞う。

釈尊が悟りし菩提樹

最後は、睡眠時間を極端に減らし、一日米一粒まで食事を減らす、「一麻一米」というすさまじい修行をするが、自分自身

聖地は人の坩堝なり

を納得させるに足る答えを得ることができなかった。いくら享楽に満ちた環境で心身を楽しませても、逆にいくら激しい修行で心身をいじめても、心の安寧、すなわち悟りを得ることができないということを理解した釈尊は、厳しい修行をやめる。

　そして、ガンジス川の支流・ネーランジャラー河畔の菩提樹に、極端に衰弱した状態で寄りかかっていたとき、たまたま通りがかったブッダガヤの村の娘・スジャータの差し出した乳粥で生気を取り戻す。

　その菩提樹の下で河に向かって端坐《たんざ》すること数日、釈尊は突然、世に絶対不変なるものはなく、すべてのものは変化する、すなわち世は「諸行無常」と悟ったという。

　今、その釈尊が大覚成就した地に立つ巨大な聖廟の前に立つ。

　やはり、すさまじい人の波である。物乞い、物売りをかき分け、かき分け入場する。その廟とは高さ五〇メートルを超す四角錐の石塔で、中には若い釈尊像が安置され、石塔周

夕暮れのネーランジャラー河畔

囲の壁四面には仏像が彫刻されている。さまざまな国の、さまざまな巡礼者が、さまざまな格好でその石塔を周回している。

　その裏面には、釈尊がその下で悟りを開いたという菩提樹があり、そこも各国の巡礼者でごった返している。いろいろな言語での読経が鳥のさえずりのようで、駅頭の喧噪である。小乗仏教国からの人々が多いが、チベット人も多く、五体投地の礼拝をしている。この聖廟はチベットの仏教会が管理しているという。

　夕刻、宿舎への帰路、ネーランジャラー河畔に立つ。

　今は乾期、涸《か》れ川である。水のない河原の向こうに尖塔が霞んで見え、夕日がまさに尖塔の背後の平原に沈まんとし、その色は淡い

中韓の僧キムチで昼食

ピンクから次第に鈍い紅色に変化する。家路を急ぐ農夫が牛を追う。老若男女を満載した三輪車の車体が悲鳴を上げながら我々の眼前を通り過ぎていく。物売りもそろそろ店じまい。

釈尊はここに端坐し、昇る朝日、沈む夕日、流れる雲、変わる水面、目の前をよぎる人、牛やヤギを見て、すべての事象は、たとえ同じように見えているようでも、一刻一刻変化していて、なに一つとして同じということはない、そうか、絶対に変らないものはないのか、と悟ったのではないだろうか。

2月11日・木曜日

午前中、ブッダガヤから、釈尊の晩年の住まいの竹林精舎があったラージギール（王舎城）へ。道中は、また菜の花の大平原であった。ラージギールは岩山に囲まれた盆地で、古代の強国・マガダ国のラージャガハという都だった。

途中、釈尊が好んで説法したという岩山・ギッジャクータ（霊鷲山）に立ち寄った。またまた物売り、物乞いの群れ。ふもとから山頂へ、山頂からふもとへ、往復、絵葉書を売る子供の一団がついてくる。ふもとに戻ると、また山頂に向かう別の巡礼者についていった。

山頂で祈るタイの巡礼団

竹林精舎の釈尊像

世の中、人の住むところ、名物料理あり。これは世の常識である。国内であれば、鹿児島は薩摩揚げ、大阪はタコ焼き、秋田は稲庭うどん、国外であれば、バンコックはトムヤムクン、上海は蟹、ローマはパスタである。

しかし、名物も毎日

ヤギの親子も夕涼み

であれば、当然、飽きる。そこで主食のご飯は変えずとも、おかずは変える。インドもそのはずと思っていた。それが、である。インドでは、主食は白米または小麦で作るナンであるが、おかずは毎日カレーであり、かつ中身が若干変わるだけ。朝は豆、昼はホウレンソウ、夜はチキンまたはマトンのカレー、翌日も同じ、今日も同じ、そして明日もそうであろう。

　なにしろ、朝、昼、夕、三食カレー、三六五日、延々と、なにしろカレーである。カレー以外ないのである。インド人はカレーしか食べない。ガイドはレストランごとに、地方ごとに微妙に味が違うというが、日本人にとっては、ほぼ誤差範囲で、味に大差なし。例外は、時々のタンドリーチキンのみ。

　ガイドは気の毒がって、そんなに無理をせず、時には中華料理はどうか、と言う。しかし、郷に入らば郷に従え、ひたすらカレーにする。

2月11日・金曜日

一週間、ひたすらカレー生活をすると、さすがに食傷気味。そして今朝、目覚めたときから微熱、そして、だるい。朝飯に食堂に行くも、バターを塗ったナンだけはのどを通るが、体がカレーを拒否、この微熱はどうやらカレーに対する反応熱であろう。

毎日毎日ひたすらカレー

昨日から宿泊しているブッダガヤのこのホテルは日系で、カレー以外に和食がある。昨夜の夕食の和食メニューは、ご飯、豆腐とわかめの味噌汁、野菜の天ぷら、冷奴、ざる蕎麦である。仏蹟巡りの白人たちが、上手にお箸を使いながら、鰹節のかかった冷奴をおいしそうに食べ、ざる蕎麦を、音を立てずにすすっている。

我々は、カレーとやせ我慢している手前、それを横眼で眺めるのみ。しかし、むやみに気にかかる。豆腐はインド産だろうか、鰹節は日本からの輸入だろうか。

味噌汁を飲みつつ隣の外国人が、その豆腐の味が東洋的で素晴らしいと、のたまう。またざる蕎麦のだしがうまいと言う。インスタントの蕎麦がうまいわけはない、これを本当の日本料理の味と誤解されんことを祈りながら、我々はマトンカレーを黙々と、いつものキングフィッシャービールでのどに流し込む。ひたすら初志貫徹、日本男子の矜持《きょうじ》である。

故国日本にたどり着いたら、空港の蕎麦屋で、板わさとだし巻をあてに、アサヒかキリンでまず一杯、そして醤油と昆布の効いたダシと本わさびで十割蕎麦、相棒と合意する。

釈尊憩いし竹林

2月12日・金曜日

いよいよ、インドの旅も最終章。

午前中、ナーランダーという仏教大学の遺跡を訪ねた。のんびりした田園の中にある。

ここもどこからともなく物売りが雲集してきて、いつものとおり、瞬時に観光客の国籍を識別し、「社長さん」、「先生」と果敢なセールスを開始する。その探知能力たるや称賛に値する。

広大な遺跡である。西暦五世紀、仏教に帰依したクマーラグプタ王によって創建され、最盛期には数万人の学生がいたという。遠路はるばる留学僧も集まり、七世紀には、あの三蔵法師も、ヒマラヤ山脈を越え、仏道修行に来たという。その彼が学び生活をしたとい

学び舎の跡ナーランダー

三蔵法師の部屋で瞑想

う学坊で、しばし座禅を組む。

この学堂は、長く隆盛を誇っていたが、十三世紀、イスラム勢力の侵入によって徹底的に破壊されたという。しかしカンボジアのアンコールワットの遺跡のように、熱帯の旺盛な自然の力によって樹木に覆われ、地に埋もれ、朽ち果てたという雰囲気ではない。ここは古代より現代まで、文字や哲学など高度な文化を持つ人々が、商業や農業などの営みを連綿と行ってきた文明化された平野であり、しかも熱帯林の繁茂によって遺跡全体が破壊されるような密林の山中ではない。しかし、この眼前に実存する巨大なものが、その目的や意義だけでなく、その存在さえも、ただでさえ執着の強いインドの人々の脳裏から消去されてしまっていたという。

ようやく英国の植民地時代になって、アレキサンダー・カニンガムという英国人考古学者が、日本や中国の文献をもとに調査した結果、再び日の目を見るようになった。遺跡の中心に、大学のシンボルであった巨大な塔が残っている。このような巨大なものの存在自体が、まったく忘れ去られていたというのがよくわからない。

人間は、関心がないもの、興味がないものはすぐに忘れてしまう。使いでの悪いものはすぐに捨ててしまう。自分の口に合うものはおいしく食べるが、合わないものは結局残してしまう。やはり、仏教は、インド大陸に住む人々には、本質的なところで性に合わなかったのではないだろうか。クシーナガルでの感想と同様である。

夕刻、大渋滞に巻き込まれ、ようやく二千五百年前、古代インドを統一した名君・アショカ王時代の首都・パータリプトラ、現ビハール州の州都・パトナのホテル着。ホテルは四十年前の社会主義時代に建設された国営ホテル。古色蒼然たる、消毒臭の強烈な宿であった。

夕食は、激辛のカレーだった。

旅の終わりもやはりカレー

2月13日・土曜日

名残惜しいが、いよいよ帰国。パトナからインドの首都・ニューデリーへ、もちろん、夕食はカレー、タンドリーチキンも追加。ニューデリーからの帰国便の機内食もカレーだった。

帰国後、ただちに飛び込んだ蕎麦屋のざる蕎麦は、本当に、本当にうまかった。

（和）

高野山ふたたび

［高野山］

平成22年11月2日・火曜日

平成二十二年三月三十日深夜、父を失った。八十七歳だった。突然の心肺停止であった。心筋梗塞の再発によるあっけない死であった。

父とはよく親子喧嘩をした。いつも仕事に関することであった。父から見るといくつになっても子供は子供、息子がやっていることが何か危なっかしいらしく、老婆心からか、つい口が出る。しかし息子は、自分も還暦、たいがいでいい年と思っているから、文句を言われたくない。特に親の小言はなにかと鬱陶しい。そこでよく口喧嘩になった。しかし、お互い、しばらくは突っ張っていても、いつも息子が頭を下げることで、一件落着の次第となった。今となっては、その頃が痛いほどに懐かしい。

その口うるさかった父も、寝付いてからは、すっかり気弱になった。「本当に、また食べられるようになるのか？」と、何度も何度も言う。そして、元気になったら、もう一度、祖父が帰依していた高野山に行きたいと、よく言っていた。

五月二十日、今度は、小学校からの竹馬の友であり、お遍路にも一緒に行った、畏友、清水明君を失った。早すぎる死であった。主治医として臨終に立ち会った。彼の表情は穏やかだった。

観音様のお導き

日頃、昼過ぎに外来診療がようやく終わり、院長室の扉を開けると、そこには、よく清水君が主のごとく鎮座していた。そしてコーヒーを啜りながら、おもむろに「ご苦労さん」と小生をねぎらい、小生が検食用の昼の患者食を食べようとすると、「入院患者にとって、食事は最大の関心事である故、客観的な味見が必要である。それに、一人で黙って食べるよりも、多人数で会話をしながら食べた方が、貴方にとってストレス解消になると診断する故、一緒に食べてあげてもやぶさかではない」と宣《のたま》い、検食後、再度コーヒーを所望した後、「これから古墳の発掘に行ってくる」と出て行った。それでいて、なんとも憎めない人格であった。

人は見かけによらず、彼は福岡市の委託を受ける

年末恒例餅つき大会

ほどの古墳発掘のベテランであった。彼の案内で西区の古墳に行った時、ぽつんと、「古代人も、死後が最大の関心事だったと思う。怖かったのかな？」とつぶやいたのを思い出す。病院の年末恒例の餅つきでは、彼は常に〝餅つき奉行〟として差配し、その年の餅の出来具合を我がことのように喜んでいた。

　一昨年、彼の初孫誕生祝いを兼ねて、一緒に高野山詣をした。当時、彼は自分自身の体調不調を自覚していた。高野山へ登る前夜、大阪の法善寺横丁の不動明王尊で、一心に初孫の幸福を祈っていた。そして居酒屋で、「久し振りに今日は飲むぞ、主治医君、いいよね？」と宣言して、「誘ってくれて本当にありがとう。友情に感謝する。しかし男の手は色気が無いな」と、相棒の手を強く握りながら、涙声で云った。

　後日、病室で彼は、この前の高野山行は突撃ツアーだったので体力が戻ったらもう一度、ゆっくり高野山を再訪したいと、よく言っていた。

ある秋の夜長、いつもの通り相棒と、いつもの居酒屋「登喜和」で飲んでいたら、そろそろ、ふたりの供養に高野山に行こうか、ということになった。

11月3日・水曜日

今回は、高野山に至るに、大阪から南下するルートではなく、南紀白浜から紅葉が盛りの紀伊山地に分け入り、山辺の道、龍神温泉を経由して高野山まで北上する旅程とした。

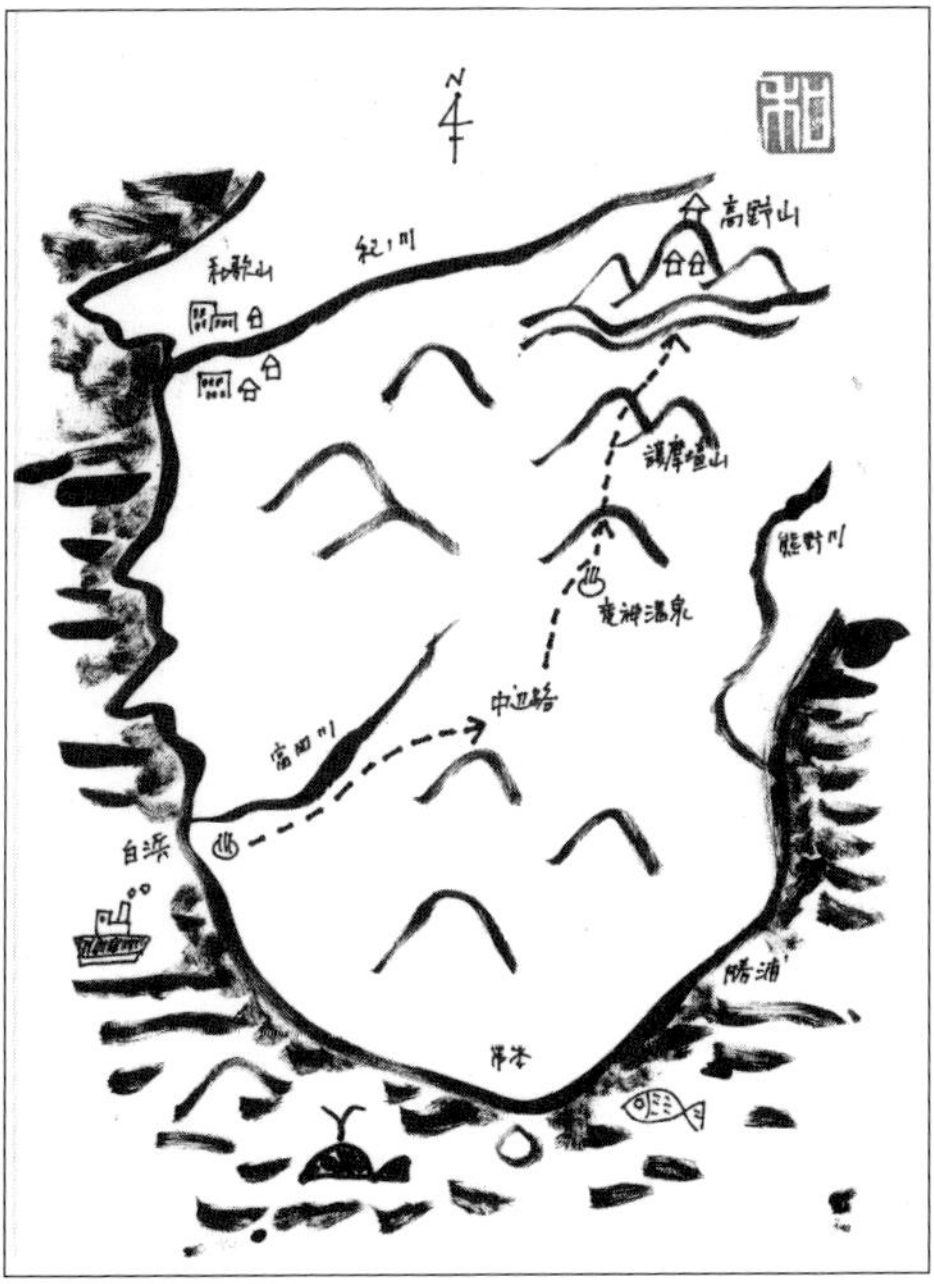

快晴。南紀白浜でレンタカーを借りる。紀伊山地は、日本一の降雨地帯、深々、樹影濃く、愈々、山景険し。熊野古道、山辺の道の入口、牛童神社から国道442号を白浜川沿いに紀伊山地の深い山襞を北上する。

次第に高度が増すにつれ、黄色

晩秋の熊の唯々見事

からピンク、淡赤から深紅へと木々の紅葉は誇るがごとくに変化し、晩秋の碧い空との対比がそれはそれは見事。山中の秘湯、龍神温泉を通過、護摩壇山を越し、高野山を遠望できる吉野峠に至る。秋晴れの晴天のもと、全山燃えるような紅葉。唯々、見事。

夕刻、高野山に至り、宿坊、成福院着。寒い。日が陰ると、深山幽谷の霊場、高野山は肌を刺す冬の寒さである。夕食は精進料理、山菜の天麩羅がうまい。食後、部屋の炬燵《こたつ》に丸くなり、二人の写真と共に、ちびちび飲む般若湯、和歌山の地酒が、またまた、旨い。

俗世とは違い、大人しく、九時消灯。

……………11月4日・木曜日

午前五時半、銅鑼《どら》の音で起される。肌を刺すにあらず、皮膚を切る寒さである。

六時から勤行。参加しているのは、我々以外は、全員外国人。オーストラリア人の夫婦二組、シンガポール人の親子風の三人組。

真言密教の勤行の間は漆黒の闇、護摩壇でぱちぱちと音を立てて燃える経木とゆらゆら揺れる蠟燭の炎が、弘法大師の御顔を照らしている。荘厳というよりも畏怖を感じさせる雰囲気である。しかし、弘法大師の御目元は、なにかしら優しさに満ちている。

院主は読経の合間に、昨日、供養をお願いしていた父と清水君の戒名を奏上した。漸く、心に積っていた宿願を果たした気分、天上の魂魄《こんぱく》や、如何。

今夜の宿坊成福院

勤行の後は、精進料理の朝食。高野豆腐のお煮しめは絶品であった。

五年前、メタボ対策ならびに男性更年期対策で始めた我々のお遍路も、漸く、終点到来の感強し。お遍路は、世を知り、自分を識るに、良い体験であったと思う。

（和）

四国遍路を終えて

今にして思えば、一杯飲みながらの雑談でなにげなく口にしたのがきっかけであった。時間ができたらお遍路をしてみたいという思いはあった。しかしそれは信心などというものではなく、ただ漠然とした憧憬であった。相棒が仏教に興味を持っていることすら知らなかった。彼も遍路にロマンを感じて行ってみたいのだろうと勝手に解釈していた。お互いが、そうかこいつも遍路に興味があったのかという程度の気分だったと思う。

この程度のいい加減な動機なのに、いざ遍路を始めて駄文を掲載し始めると、読んだ方からよく、ホントの理由は何なんです、などと聞かれるのである。どうも遍路に行くからには何か決定的な動機があるに違いないと思われるらしい。大願をかけてとか、なにかの罪ほろぼしとか、失恋とか……。それはやはり魂の救済《スピリチュアル・ケア》を求めるべきものであり、物見遊山が動機というのでは不謹慎な気がするので、何でまたお遍路なんぞにと問われるのが一番困った。

還暦に数年を残してのスタートだったので、還暦にあわせてのゴールを目論んでいたが、始めてみると、とてもそれには間に合わず、回り終えるのに五年もかかった。

振り返ると苦しかったことも多い。遍路返しといわれる山中、下りの急坂を痛む膝をかばいながら必死で降りたこと。用意した水も飲みつくし、やっと見つけた民家で水をわけてもらったこと。山中の札所に至る遍路道を歩きながら、四国の山の深さを怖いほど感じたこと、土砂降りの雨の中でのやけくそ的遍路行等々思い出せばきりがない。一方、人との出会いや、四季折々の風景は遍路の大きな楽しみであった。印象に残る光景も多い。もちろん夜の酒も。

大した理由もなく始めた遍路だったが、いつのまにやらはまってしまったのか、途中でやめようと思ったことはなかった。ひとつは区切り打ちだったこともあろう。最初から通しではじめていたら、事はそう簡単ではなく、おそらくかなり早い段階で挫折していたのではなかろうか。のんびり旅をしながらの遍路、おいしいものを食べ、名所旧跡を見ながらの遍路もいいと思う。車でスピーティーに回るのもあろう。いろいろな遍路の形があり、それはそれでよいと思うが、しかし、やはりなんといっても遍路は通し打ちで歩いて回るのが本来であろう。遍路の精神というものがあるとすれば、歩き通すところにアるのではないか。歩き通すことによって遍路が修行そのものであることを実感できるのであろう。信仰に救済を求める、自己の生き方への反省、自分への挑戦、あるいは無我の境地を求めて、など理由は何でもよい。それらの地平を乗り越えた先に平安が広がるのであれば、遍路の功徳はきわめて大きい。

今回の遍路を終えて思うのは、もし機会があれば次回は通しで歩いてみたいということだ。四国遍路は距離にすると千キロを超える。八十八箇所を地図に落とすと、四国の形が浮かび上がる。通し打ちだと五十日程度はかかるという。やはり相当な難行である。年齢的、体力的な不安はかなりあるのだが、急がず回れば何とかならないかと思う。修行はもとより自ら求めるものだからである。

最後に、記事が冊子に掲載され始めるといろいろな方から「読んでるよ」というお声掛けをいただいた。文字にすることの怖さも実感したが、何より長きにわたりお付き合いいただいたことに、心から御礼申し上げたい。

平成二十四年三月

正木　康

あとがき

四国のお遍路をして思ったこと。まず、弘法大師という人物について。

弘法大師・空海は、幼名を佐伯真魚、「さえきのまお」と謂う。八世紀、讃岐の名族、佐伯氏に生まれ、幼い時から神童と言われた真魚は、十八歳の時、当時の超エリートコースである大学寮明経科《みょうぎょうか》に入学するも、突如出奔。以後約十年、紀伊や四国の峯々、なかでも阿波・大瀧嶽で苦行、そして、土佐・室戸岬の岩窟での神秘体験から、虚空蔵菩薩へ帰依したという。

そこまで、空海を修行に駆り立てたものは、いったい何だったのか。

やはり、人類にとっての永遠の命題、「自分とは何ぞや」ではないだろうか。

人類は、進化の過程で知性を獲得した。その代償として「自分という存在」を意識し、宿命として「自己の生老病死」に苦悩する。

紀元前五世紀、釈尊は、その命題への解答として、諸行無常と無我を説いた。しかしその後、仏教の教えは変容分派した。インド大陸固有の宗教の影響を受け、その考え方だけではなく神々をも受容した。天地一切の現象の表象である神格、アーカーシャ・ガルバ、即ち虚空蔵菩薩を捧持する密教も成立し、養老二（七一八）年頃にその菩薩の真言を唱える虚空蔵求聞持法《こくうずぐもんじほう》という修行法も我が国に伝来していたという。

八世紀、空海は、その修行法に出合い、そして四国の山野で修行を深化させ、その命題への解答を得ようとした。

司馬遼太郎氏は著作『空海の風景』のなかで、空海がその命題をどう捉え、そしてどう克服しようとしたか、その推論を披歴している。以下、その一節を紹介する。

インドに起こった密教グループは考えた。彼らは釈迦の仏教とはちがい、ともすれば精神が死に向かって衰弱しがちな解脱の道を選ばなかった。釈迦とは逆の道を選んだ、現世を肯定した。解脱解脱といっても人間も虫も草も、生命がある限り生きざるをえないではないか、というひらき直ったところから出発した。彼らは自然の福徳に驚嘆讃仰する立場を取り、自然に対して驚嘆讃仰する以上、自然の一部である人間の生命に対してもそれを驚嘆讃仰《さんぎょう》した。

＊

解脱とは人間が与えられている欲望を否定する。その欲望の束縛から脱して自主的自由を得るというのが、釈迦以来、仏教に於ける最高目的になっている。その思考の自主的自由の境地を涅槃と呼ぶ。特に生きながらの涅槃を有余涅槃と呼ぶが、生きながらに涅槃に入りうる人など稀有というべきで、多くは煩悩のもとである身体が離散したときに涅槃に入る。これを無余涅槃という。要するに死である。死はだれにでも来るものではないか。死をよろこぶ教えとはどういうものであろう。

「そんなばかなことがあるだろうか」

と、空海は不満だったに違いない。空海は死より生を好む体質の男であった。

彼の不満は、釈迦の肉声に近いといわれる諸経典に対するほとんど否定的なばかりのものであったに違いない。

彼は釈迦の肉声からより遠い華厳経を見ることによってやや救われた。死のみが貴くなく、生命も宇宙の実存である以上、正当に位置づけられるべきではないかと思うようになったはずである。生命が正当に位置づけられれば、生命の当然の属性である煩悩も宇宙の実在として、つまり宇宙にあまねく存在する毘盧《る》遮《しゃ》那《な》仏《ぶつ》の一表現ではないか、とまで思いつめたのであろう。この思いつめが、後年、「煩悩も菩薩の位であり、性欲も菩薩の位である」とする「理趣経」の理解により完成する。

『空海の風景』上巻、下巻、中央公論社、1978年私は彼のこの試論に共感する。

所詮、凡人には、人生は不可知、悟りも不可能。残された人生、只管《ひたすら》、懸命に生き、充実させることであろう。


人類の命題など、堅苦しいことを抜きにして、遍路は楽しかった。色々な事を知った。釈尊が宣うように、世の中、多様なり。実感である。

このお遍路日記の終りを拙《つたな》い筆でどうするか、千鳥饅重を食べながら呻吟《しんぎん》していると、相棒が部屋に入るなり、「やはり遍路の原点に戻り、反省を込めた修行が必要あれかし」と、また意味不明のことを言う。即ち、弘法大師に敬意を表するために、大瀧嶽と室戸崎を再訪し、最後、高知の「黒尊」のたたきで遍路の締めにしようということを、言いたいらしい。

平成二十三年、晩秋のある土曜日、どうにか診療を切り上げ、徳島へ。

今回は気楽な車旅である。太龍寺山麓の遍路宿に投宿。翌朝、大師堂で久し振りの般若心経、そして奥の院の舎心ヶ嶽、清々し。そして、太平洋に沿って、室戸への一本道をひたすらドライブ。五年前の夏、炎天下、歩いた時の暑かったこと。ほとほと暑かった。今となっては懐かしい。昼過ぎ、室戸崎の御蔵洞着。眼下に拡がる空と海、碧きこと。いつ見ても絶景である。

夕刻、高知、「黒尊」再訪。待望のカツオのたたきを食す。やはり旨い。この大量の大蒜と出汁の組み合わせは絶妙。また土佐の酒が合う。

漸く、四国遍路が終わったことを実感。もちろん、清水君の写真にも一献傾けた。


当方の広報誌・誠和会通信に連載したところ、五年間の長きにわたり辛抱強く読んで頂き、そして様々な批評を頂き、かつ、お節介にも本にしたらどうかと勧めてくださった皆様、本当に有難うございました。

また、この駄文をどうにかまとめてくれた海鳥社の杉本雅子氏に萬感の謝意を捧げます。

平成二十四年四月吉日

牟田和男

牟田和男（むた・かずお）
内科医、昭和23年、福岡生まれ。干支はネズミ、星座はおとめ座。昭和40年代の20歳台、大学紛争真直中の青春時代。昭和50年代は大学病院の医局員、ひたすら臨床と妻子のためのアルバイト。昭和62年、福岡市早良区で開業、いつの間にか、４半世紀が経過。団塊世代の医師の典型的な軌跡を辿る。趣味は読書、旅行。

正木康（まさき・やすし）
昭和23年、福岡市生まれ、昭和42年、福岡県立修猷館高校卒業、昭和46年、中央大学卒業。平成４年、東京から福岡に転職。平成16年から医療法人誠和会、平成22年から社会福祉法人誠和会に勤務、現在に至る。

お遍路《へんろ》日記《にっき》

■

2012年５月26日　第１刷発行

■

著　者　牟田和男　正木康

発行者　西　俊明

発行所　有限会社海鳥社

〒810-0072　福岡市中央区長浜３丁目１番16号

電話092(771)0132　FAX092(771)2546

編集協力　有限会社ＦＭＳ

印刷・製本　大村印刷株式会社

ISBN 978-4-87415-851-7

http://www.kaichosha-f.co.jp

［定価は表紙カバーに表示］